冠水した住宅からヘリで救助される人。岡山県倉敷市真備町地区で（2018年7月8日）

決壊した小田川の堤防（右下）と浸水した岡山県倉敷市真備町地区（2018年7月9日）

被災者でいっぱいになった倉敷市真備町岡田地区の岡田小学校体育館（2018年7月8日）

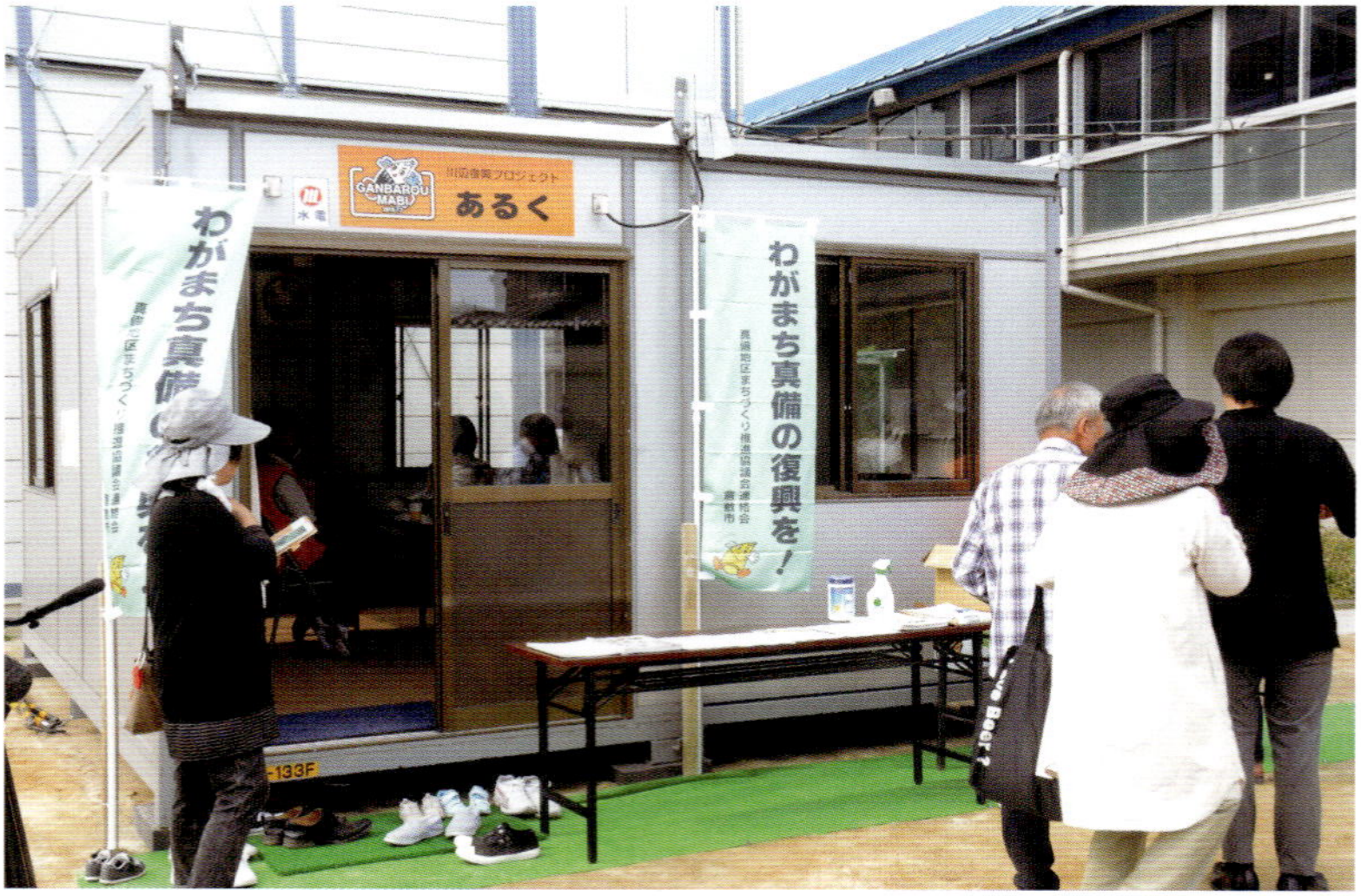

倉敷市真備町川辺地区では、被災者が集う場所として「川辺復興プロジェクト あるく」の運営が10月からはじまった（2018年10月18日）

総社市役所で行なわれた「支援物資フリーマーケット」。全国から届いた個人による支援物資をボランティアが仕分けし、被災者は必要なものを自ら取りに来た（2018年7月30日）

猛暑のなか、住宅に流れ込んだ泥やごみを片付けるボランティア。岡山県倉敷市真備町地区にて（2018年7月15日）

大量の水が流入したため、水蒸気爆発が発生したとされる（2018年7月7日）

爆発して骨組みがむき出しになった岡山県総社市下原地区のアルミ工場。高温の溶解炉内に

突然の豪雨に避難が間に合わず、押し寄せた土石流に多くの住宅が押し流された。治山堰堤も命を守ることはできなかった。広島市安芸区矢野東の梅河団地（2018年7月7日）

ドキュメント豪雨災害

西日本豪雨の被災地を訪ねて

谷山宏典・著

山と溪谷社

目次

写真＝朝日新聞社
写真提供＝アマナ
ブックデザイン＝松澤政昭
校正＝中井しのぶ
編集＝岡山泰史（山と溪谷社）
編集協力＝手塚海香（山と溪谷社）

序章

生活の消えた町

災害の爪痕

2018(平成30)年12月中旬、同年7月の西日本豪雨(気象庁による呼称は「平成30年7月豪雨」)の被災地のひとつである岡山県倉敷市真備町地区をはじめて訪れた。

井原鉄道・井原線の川辺宿駅から真備町有井の取材先までは歩いて向かう。

発災時、真備町地区は豪雨による堤防の決壊とそれに伴う大規模浸水によって、地区の3割にあたる1200ヘクタールが水に沈んだ。それでも災害からおよそ5カ月が過ぎ、訪れたときには主要道路沿いの大型店舗――スーパーマーケットやホームセンター、ドラッグストアは営業を再開し、駐車場には多くの車が出入りしていた。店内にはさまざまな商品が並び、買い物客で賑わっている。その様子だけを見れば、この地域ではすでに日常の生活を取り戻しているようにも感じられた。

しかし、通りをさらに進んでいくと、災害の爪痕があちこちに生々しく残っている事実を否応なく突きつけられた。

県道沿いに点在する小さな店舗は、シャッターが下りたままになっていたり、ガラス窓越しに中をのぞき込むとまだ工事をしていたり、机や棚などの什器類がすべて取り払われた状態の、がらんとしたスペースが広がっているだけのところがほとんどだった。

県道から外れ、住宅地へと入っていくと、町に漂う空虚感はさらに強まる。通りの両側に家屋は立ち並んでいる。しかし、人影も、生活の気配も、まったくないのだ。

見た目にはなんの損傷もないような住宅でも、ガラス窓越しに見える家の中には本来あるはずのテーブルや椅子、テレビなどが一切なく、まるで空き家のように、もぬけの殻になっている。人がいないのに入口のドアや窓が開け放たれているのは、屋内の湿気を少しでも外に出すためだろうか。床やガラス窓に乾いた泥がこびりついている家屋、床板がすべて剥がされてコンクリートの基礎がむき出しになっている家屋も多い。古い木造の家は、浸水に耐えられなかったのだろう、壁や入口が崩れたままになっていた。

ところどころでトラックやショベルカーなどの工事車両が作業をしている。建物の修繕をしているのか、足場が組まれて、周囲をぐるりとメッシュシートで覆っている家もちらほらあった。

「ここに暮らしていた人たちは、今どこにいるのだろう？」

「災害時、彼らはいったいどんな光景を目にしたのだろう？」

「どんな想いで住み慣れた家を離れ、別の場所で暮らしているのだろう？」

空虚な町をひとり歩きながら、そんなことをとりとめもなく考えてしまう。真備町地区では51人が亡くなっている。

ほんの数軒だが、2階のベランダに洗濯物を干している家があった。風に揺れる衣類だけが、人影のない住宅地に生活の気配をかすかに感じさせてくれた。

個々人の生活や地域のコミュニティの破壊——大規模水害がもたらした現実を目の当たりにして、さまざまな想いを抱えながら、私は最初の取材先への歩を進めていった。

豪雨災害の危険はどこにでもある

大雨、大雪、強風、雷などの気象現象によって生じる災害のことを一般に気象災害と呼ぶ。本書では、そのような気象災害のうち、台風や前線、局地的大雨によって引き起こされる豪雨災害をテーマとした。

きっかけは、出版社からの「豪雨災害について取材して、書いてみないか」という依頼だった。私はこれまでフリーライターとして登山や自然に関する取材や執筆をする機会が多く、

「自然と人との関わり」について関心を持っていた。災害の被災地の取材経験はなかったが、豪雨災害も自然と人間との関係性の中で生じるものであり、自分のこれまでの経験をベースに取材ができるのではないかと考え、依頼を受けることにした。

豪雨災害とはそもそもどんな災害なのか。災害級の大雨に見舞われた人びとは、どんな光景を目にして、どんな体験をするのか。そして、どうすれば自分や家族の命を守ることができるのか。それらのことを知るために、主に２０１８年７月に起こった西日本豪雨の被災地をまわった。

２０１８年６月28日から７月８日にかけて、西日本を中心に記録的な大雨が発生。その雨によって各地で河川の氾濫や浸水害、土砂災害が発生し、全国で死者２３７人、行方不明者８人、全壊した住宅は６７６７棟、半壊した住宅１万棟以上、床上浸水は７１７３棟、床下浸水２万棟以上という甚大な被害が広がった（２０１９年１月９日現在。内閣府『平成30年７月豪雨による被害状況等について』）。平成に入ってからの豪雨災害としてははじめて死者数が１００人を超え、「平成最悪の水害」ともいわれている。

当時、新聞やテレビでは、河川の堤防の決壊によって一帯が水没した町の様子や、山からの土石流によって家が流され、土砂や倒木、倒壊した建物のがれきで埋め尽くされた住宅地の様子などが広く報道された。

ただ、災害というものは、どれだけ生々しい写真や映像を見せられても、自分や家族、親しい友人の身の回りで起こっていなければ、「対岸の火事」となってしまうのが常である。被災していない人のほとんどは、「ひどい災害だな」「西日本の人たちは大変だな」とは思っただろうが、すぐに日常の仕事や生活に戻ったのではないだろうか。私自身がそうだった。

だからこそ、本書の冒頭で何よりもまず伝えておきたいのは、「西日本豪雨のような大規模な豪雨災害は決して対岸の火事ではない」ということだ。

『平成30年版 防災白書』内の「我が国における近年の主な自然災害」という資料を見ると、台風や梅雨前線による豪雨災害が西日本にかぎらず、日本全国で起こっていることが一目瞭然である。

記憶に新しいところでは、2015(平成27)年に鬼怒川をはじめ複数の河川で氾濫や堤防の決壊が起こり、関東と東北に大きな被害をもたらした「平成27年9月関東・東北豪雨」(死者は20人)、2011(平成23)年に大型の台風によって全国で98人の死者・行方不明者を出し、特に紀伊半島において被害が深刻であったため「紀伊半島大水害」とも呼ばれる「平成23年台風12号」などが挙げられるだろう。

大きな被害をもたらした近年の主な台風および豪雨

発生年／月	災害名	主な被災地域	死者・行方不明者（人）	住家全半壊（棟）	床上浸水（棟）
2004／10	平成16年台風23号	近畿、四国地方	98	8,685	14,323
2005／9	平成17年台風14号	九州地方	29	5,113	3,551
2006／6〜7	梅雨前線による豪雨	長野県、鹿児島県	33	1,770	1,971
2009／7	平成21年7月中国・九州北部豪雨	山口県、福岡県	36	154	2,139
2009／8	平成21年台風9号	中国、四国地方	27	1,313	974
2010／6〜7	梅雨前線による大雨	九州南部、広島県、岐阜県	22	134	1,844
2011／7	平成23年7月新潟・福島豪雨	新潟県、福島県	6	1,074	1,082
2011／8〜9	平成23年台風12号（紀伊半島大水害）	西日本から北日本	98	3,538	5,500
2011／9	平成23年台風15号	西日本から北日本	20	1,558	2,270
2012／7	平成24年7月九州北部豪雨	九州北部	33	2,582	2,574
2013／10	平成25年台風26号および27号	東日本、北日本の太平洋側	45	128	2,011
2014／8	平成26年8月広島土砂災害	広島県	77	396	1,086
2015／9	平成27年9月関東・東北豪雨	関東、東北地方	20	7,171	2,523
2016／8	平成28年台風10号	東北地方	29	2,799	279
2017／6〜7	平成29年7月九州北部豪雨	九州北部	44	1,436	222
2018／6〜7	平成30年7月豪雨（西日本豪雨）	西日本	245	18,010	7,173

『平成30年版 防災白書』を元に作成。「平成30年7月豪雨（西日本豪雨）」の数値は、内閣府『平成30年7月豪雨による被害状況等について』より

防災科学技術研究所の三隅良平さん（水・土砂防災研究部門 総括主任研究員。専門は気象学）も次のように指摘する。

「梅雨前線は、西から湿った空気が流れ込んでくるため、西日本や日本海側で大雨の降るリスクが高くなります。一方、台風は進路によって、東海や関東、東北に太平洋から直接上陸する場合があります。台風は数日続くような大雨や記録的な強風をもたらし、日降水量の歴代記録のトップ10はほとんどが台風を原因としています。たとえば『平成23年台風12号』のときには、紀伊半島の一部の地域で降りはじめからの総雨量が2000ミリを超えたことで、土石流や浸水などの災害を引き起こしました」

ちなみに、日本各地の年間降水量（平年値）は平均して1600ミリ程度であり、総雨量2000ミリ超とは「一年間に降る雨が数日間で降った」ことを意味し、いかに凄まじい雨だったかがわかるだろう。

また「自然災害による死者・行方不明者数」（『平成30年版 防災白書』）を見ると、1959（昭和34）年の伊勢湾台風以降、大規模な水害は起こっていない。それは河川流路の付け替えや堤防の整備などハード面での対策が進み、多少の大雨では大きな河川が氾濫しなくなっているためだ。

だが、水害による死者・行方不明者数が年々減少しているかといえば、そんなことはない。年によってばらつきはあるものの、この20年間で平均して年70人弱の人（もっとも少ない年で19人、多い年は240人）が水害によって亡くなるか、行方不明になっている。90年代頃、一部の研究者の間で「河川改修が進んだので、日本では大規模な水害は克服された」と言われていたそうだが、現実には今でも「水害を克服した」とは言い難い状況なのだ。

さらに、河川改修や構造物によって水害の発生を抑えていることは、裏を返せば、それだけたくさんの水が河川を流れることが可能になったことを意味する。

「ハード対策によって、水害が起こりにくくなっていることは事実です。しかし、設計で想定された以上の外力が加えられたとき、構造物はいとも簡単に崩壊し、その結果として起こる災害は極めて甚大なものになることが想定されます」（三隅さん）

自然が猛威を振るったとき、堤防などの構造物が「絶対安全」を保証できないことは、2011年の東日本大震災で大規模な津波が防潮堤をなぎ倒して襲いかかってきたことを思い返せば、容易に想像できるだろう。

豪雨災害は、一部の地域にかぎったことでも、過去のものでもない。程度の差こそあれ、日本中のどこにでも現在進行形で潜在する、すべての日本人にとって共通のリスクなのだ。

自分の町で災害が起こるなんて……

ひとたび自然がその猛威を振るって襲いかかってくれば、家屋などの建造物はいとも簡単に破壊され、人の命は奪われる。

自然災害に見舞われたとき、自分や大切な人の命を守るには、一秒でも早く、安全だと思われる場所に避難するしか方法はない。

だが、西日本豪雨の被災者たちに話を聞いて痛感したのは、そうした迅速かつ適切な避難が極めて難しい、という現実だ。身の危険を感じたら、安全な場所へすぐに逃げる——言葉にすれば簡単だが、それができないのである。

被災地を取材するなかで、何度も聞いた言葉がある。

「自分たちの町で災害が起こるとは想像もしていなかった……」

広島ではこれまでに幾度となく豪雨による土砂災害が発生し、1999（平成11）年6月の豪雨では死者・行方不明者32人、2014（平成26）年8月の豪雨（広島土砂災害）では死者77人（関連死含む）という被害を受けている。

倉敷市真備町地区では、1893（明治26）年に高梁川が決壊して68人が亡くなる大水害が起こっているほか、1972（昭和47）年と1976（昭和51）年にも小田川が破堤、氾濫して、浸水被害が起こっている。

それでも広島では、過去に土砂災害が起こっている地域と同じ、山際の住宅地に暮らす人たちが「自分の町で土砂災害が起こるなんて……」と口にする。真備町地区の住民たちも「〝晴れの国〟岡山でこんな水害が起こるなんて想像もしていなかった」と言う。「晴れの国」とは、晴天率の高さから岡山県のPRに使用されるキャッチフレーズで、駅のポスターや看板などで何度も目にした言葉だ。

過去に同じ地域あるいは同じような土地条件の場所で大きな災害が発生している事実があり、今自分が暮らしている場所でも同様の災害が起こりうるリスクがあるにもかかわらず、多くの人はそれを自分事として考えることができない。

しかし、そうした姿勢に対して、「防災意識が低い」「災害を自分事として真剣に考え、備えをしておくべきだった」と責めることはできない。なぜなら、本書の中で詳しく述べるが、そもそも人間は災害に対する危機感や切迫感を常時持ち続けることはできないからだ。

今、本書を読んでいる読者の多くも、「自分の住んでいる地域で災害が起こると思うか」と問われれば、なんの根拠もなく「たぶん起こらないと思う」と答えるのではないだろうか。

また、多少なりとも災害の可能性を想像し、防災への意識を持っていたとしても、「自分は十分な備えをしている」と自信を持って答えられる人は少ないだろう。

だが、高い防災意識を持って備えを十分にしている人にも、そうでない人にも、災害は等しく襲ってくる。そして、個々の生活や地域コミュニティを破壊し、最悪の場合は人命をも奪っていく。前項で述べたように、豪雨災害のリスクは日本中どこにでも存在しているのである。

「天災は忘れた頃に来る」

物理学者で随筆家の寺田寅彦の言葉として、弟子の中谷宇吉郎が紹介したこの箴言は、今の時代にも通じる。

では、災害を引き起こすような豪雨に突如として見舞われたとき、どのように判断し、行動すれば、自分自身や家族、隣人の命を守ることができるのか。

その答えを求めて、取材を重ねていった。

第1章

西日本豪雨の被災地を訪ねて

西日本豪雨　概要

各地で観測史上1位の降水量を記録

大規模な豪雨災害の現場ではいったい何が起こっているのか。それを知るために、2018（平成30）年7月に発生した西日本豪雨の被災地を歩き、被災者たちに話を聞いた。本章ではその取材を通じて見えてきた〝現場の様子〟を描いていきたい。

個々の事例について語る前に、まずは官公庁の資料や新聞報道を頼りに西日本豪雨の全体像を振り返っておく。

6月28日以降、梅雨前線が日本付近に停滞し、29日には南海上に発生した台風7号が北上。日本列島に暖かく湿った空気が供給され続け、大雨が降りやすい状況が西日本を中心に全国的に続いた。台風7号は、7月4日15時に温帯低気圧に変わっている。

前線が停滞し、その活動が台風の接近によって活性化して、大雨が降る。そうした気象現象は決して珍しいことではない。それが大規模災害を引き起こすような広範囲にわたる記録的な豪雨に発展していく予兆は、5日の朝の時点にあった。

その日の朝、気象庁の主任予報官のもとに届いた予報資料には、梅雨前線が停滞する影響で今後3日間、日本列島の広い範囲で24時間降水量が200ミリを超える、というデータが出ていた。それはこれまでに見たこともないデータで、大きな河川の氾濫を警戒した気象庁は同日午後に記者会見を開き、「西日本から東日本で記録的な大雨になる恐れがある」と強調。さらに翌6日10時30分からの会見では、大雨特別警報の発表の可能性にも言及した。

大雨特別警報は、2013（平成25）年に運用を開始した「特別警報」のひとつで、台風や集中豪雨により数十年に一度の降水量となる大雨が予想された場合などに発令される。気象庁の資料によれば、「避難勧告や避難指示（緊急）に相当する気象状況の次元をはるかに超えるような現象をターゲットに発表」あるいは「すでに災害が発生している状況で発表」するとあり、激甚災害となった「平成27年9月関東・東北豪雨」や「平成29年7月九州北部豪雨」でも発令されている。

つまり、大雨特別警報の発令は、豪雨災害の発生とほぼイコールといえるのだ。

6日17時10分、福岡など九州3県に最初の大雨特別警報が発令。特別警報の範囲は時間の経過に従って拡大し、19時39分には岡山県の市町村に、19時40分には広島県の市町村にも、それぞれ発令されている。その範囲は最終的に1府10県にまで及んだ。

では、実際にどれぐらいの雨が降ったのか。被害の大きかった広島県および岡山県の、5日から7日にかけての降水量を見てみよう。

台風7号が温帯低気圧に変わったあと、その低気圧から延びる梅雨前線が西日本に停滞し、広島県や岡山県では5日午後に1回目の降雨のピークが訪れている。

5日夜にはいったん前線が南下し、雨は小康状態となるが、6日になるとふたたび北上。昼過ぎ頃から雨が強くなり、広島市では6日17時から20時までの時間帯において1時間降水量が30～60ミリ程度の激しい雨が続き、なかには70ミリを超える非常に激しい雨が降った地域もあった。

一般に、1時間降水量が30ミリを超える雨は「バケツをひっくり返したような激しい雨」で、山崩れや崖崩れが起きやすくなる。50ミリを超えると「滝のようにゴーゴーと降り続く非常に激しい雨」となり、マンホールから水が噴出したり、土石流や浸水などの災害が発生したりする危険性が極めて高いといわれている。

また、大雨と災害の関係性を考えるとき、数時間から数日にかけての累加雨量*も重要な指標となり、地域のハザードマップも24時間降水

*累加雨量
降りはじめからその時刻までの雨量の合計量を「累加雨量」という。

図１　西日本豪雨時のアメダス時系列グラフ

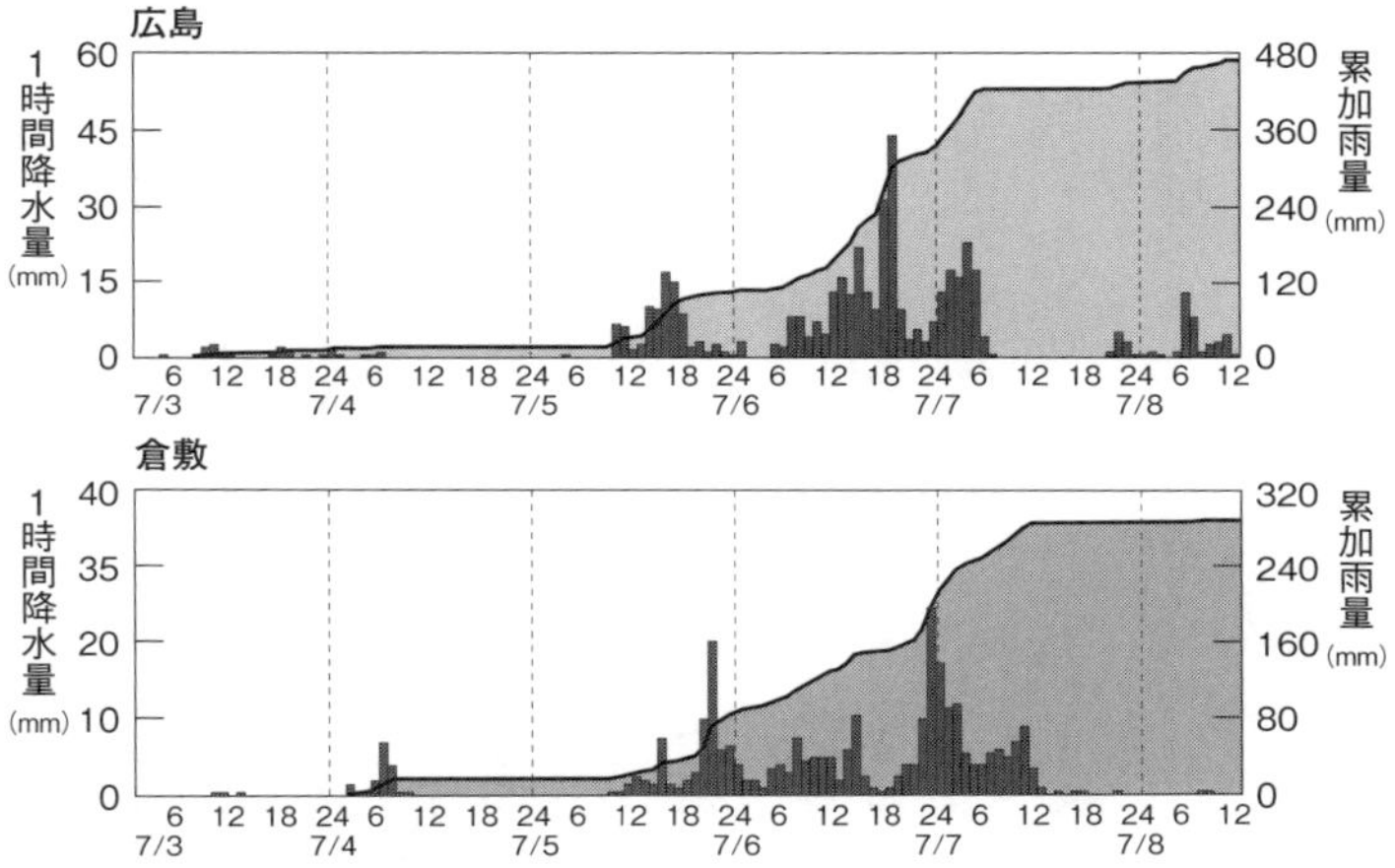

降水量（7月3日0時～8日12時）。棒グラフは1時間降水量（左軸）、折れ線グラフは累加雨量（右軸）を示す。横軸は時刻を示す（気象庁アメダスのデータより）

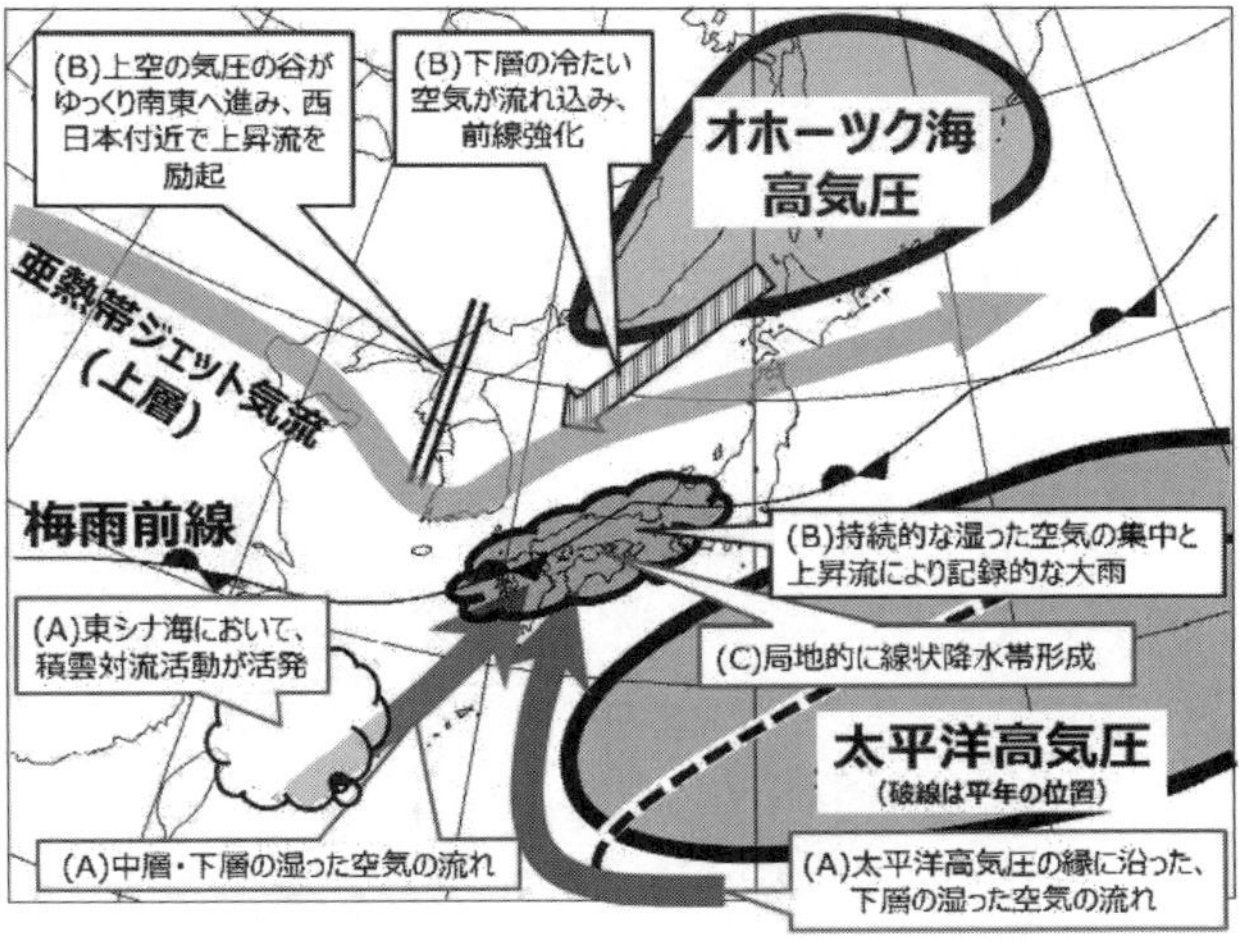

7月5日から8日の記録的な豪雨の気象要因（気象庁『「平成30年7月豪雨」及び7月中旬以降の記録的な高温の特徴と要因について』より）

量や48時間降水量を想定して作られていることが多い。

そこで7日午前までの48時間降水量を見ると、岡山県の倉敷で260ミリ（欠測含む）、広島県の広島で407ミリ、呉で402ミリと、いずれも観測史上1位を記録。全国的に見ると、観測史上1位を記録した地点数は、12時間降水量で46地点、24時間降水量で75地点、48時間降水量で123地点、72時間降水量で119地点と、2～3日間の降水量が記録的に多かった地域が西日本から東海地方にかけて広い範囲に広がっていたことが、西日本豪雨の特徴だといえる。

このような記録的な大雨になった原因として、気象庁は次の3つの気象要因を挙げている。

A　多量の水蒸気のふたつの流れ込みが西日本付近で合流し持続
B　梅雨前線の停滞・強化などによる持続的な上昇流の形成
C　局地的な線状降水帯の形成

主にAとBが原因であり、1958年以降の梅雨時期（6・7月）としてはこれまでにない量の水蒸気が、7月5日から7日にかけて西日本を中心に集中していたことがわかっている。

Cの線状降水帯とは、長さ50～300キロ程度、幅20～50キロ程度の線状に延びる強い降水を伴う雨域のことで、次々と発生する積乱雲群が数時間にわたってほぼ同じ場所を通過または停滞することで作り出される。実際、広島市で7月6日夕方から夜にかけて線状降水帯の形成が確認されている。

次々に発令された特別警報や避難情報

気象庁が大雨特別警報の可能性に言及した6日昼頃には、各自治体もすでに避難情報を出すなど動き出していた。

現在、自治体が住民に向けて発表する避難情報には「避難準備・高齢者等避難開始」「避難勧告」「避難指示（緊急）」という3つの段階がある。それぞれの内容は以下のとおりだ。

「避難準備・高齢者等避難開始」　避難に時間を要する人（高齢者、障がい者、乳幼児など）とその支援者は避難を開始。その他の人は避難の準備を整える。

「避難勧告」　予想される災害に対応した指定緊急避難場所へ速やかに避難する。外出することでかえって命に危険が及ぶような状況ならば、近隣の安全な場所や自宅内のより安全な場所に避難する。

「避難指示（緊急）」　すでに災害が発生していてもおかしくない極めて危険な状況であり、まだ避難していない人は緊急に指定緊急避難場所へ避難する。外出することでかえって命に危険が及ぶような状況ならば、近隣の安全な場所や自宅内のより安全な場所に避難する。

避難情報を発令する権限は市町村長に付与されており、関係機関から提供された情報や自分たちで収集した情報に基づいて、自治体ごとに発令される流れになっている。

西日本豪雨では広範囲にわたって記録的な大雨が降り続いたため、ここですべての自治体の状況や動きを網羅的に追っていくことはできない。以下に、取材した被災地域が含まれる広島市と倉敷市の動きを時系列で振り返ってみる。

【広島市】

［6日］

12時43分　最初の「避難準備・高齢者等避難開始」が安佐北区に発令。以後、そのほかの

区域でも順次発令
14時05分　気象庁より広島市に土砂災害警戒情報が発令
14時15分　最初の「避難勧告」が佐伯区の一部に発令。以後、14時32分に安佐北区の1学区、14時34分に東区の10学区など拡大していく
18時03分　最初の「避難指示（緊急）」が安佐北区の一部に発令。以後、各区域の避難勧告を順次避難指示（緊急）に引き上げ
19時40分　気象庁より広島市に大雨特別警報が発令
19時43分　中区の2学区、東区の13学区、安佐南区の19学区、安佐北区の26学区、安芸区の11学区、佐伯区の17学区など広範囲に「避難指示（緊急）」が発令

【倉敷市】

【6日】

11時30分　倉敷市全域の山沿いに「避難準備・高齢者等避難開始」が発令
19時30分　倉敷市全域の山沿いに「避難勧告」が発令
22時00分　真備町地区全域に「避難勧告」が発令

22時01分　国土交通省より「高梁川の秦付近で氾濫危険水位に達した」とのエリアメール
が配信
22時20分　気象庁より「小田川氾濫危険情報」
22時40分　気象庁より倉敷市に大雨特別警報が発令
23時45分　真備町地区の小田川右岸（南側）に「避難指示（緊急）」が発令

【7日】

0時30分　気象庁より「小田川氾濫発生情報」
0時47分　国土交通省より「小田川の右岸で越水による氾濫が発生した」とのエリアメー
ルが配信
1時30分　真備町地区全域に「避難指示（緊急）」が発令

6日昼過ぎから強くなりはじめた雨は、時間とともに激しさを増し、やがて大量の雨が山の斜面の土壌や河川に蓄積されていった。目まぐるしく変わる気象状況のなか、各自治体や関係機関は警報や避難情報を出し続け、住民に最大級の注意と避難行動を呼びかけた。だが、被害は発生してしまう。

広島市では、市東部を中心に土石流、崖崩れ、河川の氾濫が多発。人的被害は死者23人、行方不明者２人、負傷者は30人。住宅被害は全壊１１１棟、半壊３５８棟など合計２４７１棟に及んだ（被害状況は２０１８年11月１日現在）。

一方、岡山県では小田川や高梁川など10河川の18カ所で堤防が決壊。その影響で倉敷市真備町地区では、地区の約３割にあたる１２００ヘクタールが水没した。岡山県内の死者61人のうち、51人が真備町地区で亡くなっており、そのほとんどが溺死だった（被害状況は２０１８年12月５日現在）。

全国的に見れば、死者は２３７人、行方不明者８人、負傷者は４３３人。６７６７棟の住宅が全壊し、１万棟以上が半壊。床上浸水は７１７３棟、床下浸水は２万棟以上に及んだ。以上が「平成最悪の水害」と呼ばれた西日本豪雨の概要である。

事例1　岡山県倉敷市真備町有井地区

「避難勧告」をきっかけに入居者を避難

西日本豪雨の被災地の取材のため、最初に訪れたのは倉敷市真備町有井地区にある地域密着型特別養護老人ホーム「クレールエステート悠楽」だった。

先述したように、倉敷市の真備町地区では小田川とその支流の堤防の決壊によって大規模な浸水被害が発生。51人という大勢の人が亡くなっているほか、生き残った人たちもその多くが逃げ遅れ、自宅の2階や屋根上で孤立し、消防や自衛隊のヘリコプターやボートで救助されている。

そのようななか、クレールエステート悠楽では、施設長の岸本祥一さん（47）の迅速な判断と行動によって浸水発生前に36人の高齢者を2キロほど離れた系列の施設へと避難させて、人的な被害を未然に防止。新聞各紙では、避難の成功例として報道されていた。そのため、私も「多くの住民が逃げ遅れたなか、なぜ入居者の迅速な避難ができたのか」、その背景について話を聞かせてほしいと取材を申し込んだ。

ところが、いざ話を聞いてみると、成功例として報道されていたことは「あのとき起こったさまざまな出来事のほんの一部」にすぎず、「それ以外のことは何もかもが失敗だった」と岸本さんは語る。

成功談としてではなく、失敗談として――7月6日から7日にかけての出来事を振り返ってみたい。

＊　＊　＊

6日朝、テレビを見ていた岸本さんは、西日本で大雨特別警報が発令されるかもしれないというニュースを目にする。

「テレビではたしか『百年に一度の大雨』なんて言葉も飛び交っていて、それを聞いて胸騒ぎがしました」

胸騒ぎには理由があった。

2年ほど前、倉敷市の高齢者施設の施設長が集まる勉強会に市の防災危機管理室の担当者がやってきて、「ぜひ施設で活用してほしい」とハザードマップを配ってくれた。岸本さんはそれまでハザードマップを目にしたことも、自ら手に入れようとしたこともなかったが、はじめて見るその地図には、自分が勤めるクレールエステート悠楽が「浸水深5メートル以上区域」に含まれていた。

「そのとき、はじめて水害を自分事として感じました。施設の建物は平屋建てで、いちばん高いところでも5メートル強。もし6メートルの水が来たら、建物は完全に水没してしまいます。『これは他人事ではないぞ』と思い、職員たちにもハザードマップを見せて、情報を共有するために食堂にマップを掲示しました」

その後、市から「災害対策マニュアルを作成するように」という指導があり、他県のホームページから高齢者施設向けの災害対策マニュアルのフォーマットをダウンロードし、それを自分たちの施設に合うように加工して一応の体裁は整えていた。

「ただ、災害に遭った今にして思えば、そのマニュアルは、行政が検査に来たときに『作ってありますよ』と見せるためだけのもので、いざというときに役に立つものではありませんでした。言うなれば〝絵に描いた餅〟。結局、ハザードマップを見ていても、災害対策マニュアルを作っていても、本当の意味での危機意識は自分の中に根付いていなかったのだと思います」

話を6日に戻そう。

出勤したあとも岸本さんは天気のことが気にかかり、業務の合間にはインターネットで天気予報や雨雲レーダー、河川の水位情報などをこまめにチェックしていた。15時頃には「最低限の避難準備だけはしておこう」と考え、2キロほど離れた高台にある系列の施設「シルバーセンター後楽」の施設長に電話を入れて、「もし真備町地区に避難勧告が発令されたら、入居者のお年寄りを避難させたいので、受け入れをお願いしたい」と伝えている。

デイサービスの利用者を自宅に送り届けたのが16時頃。

「その頃にはものすごい量の雨が降っていましたね」

不安が募ってきた岸本さんは、緊急連絡網を使って、その日出勤していない職員に「真備町地区に避難勧告が発令されたら、入居者をシルバーセンター後楽に避難させるので、手伝いができる人は駆け付けて支援をしてほしい」「いざというときに備えて、避難方法について家族と話し合っておくように」と連絡を入れた。出勤している職員には同様のメッセージを口頭で伝えるとともに、漏れがないように全員のタイムカードの中に同じ内容のメモ書きも差し込んでおいた。

それから数時間の間は、大雨や河川の水位上昇、土砂災害などに注意を呼びかける防災メールがスマートフォンにひっきりなしに届き、着信音が鳴り続けていた。そして22時、倉敷市から真備町地区全域に避難勧告が発令される。

「私の中で『避難勧告が出たら入居者を避難させよう』と決めていたので、メールを見た瞬間に『よし、避難するぞ』とすぐに動き出しました」

22時15分頃、緊急連絡網を使って職員の招集を開始。同時に、施設に残っていた職員――岸本さんのほか、宿直が1人、遅番が2人、夜勤が2人の計6人で手分けして、就寝中の高齢者を起こして、着替えさせたり、車椅子に乗せたりといった避難準備をはじめた。岸本さんはシルバーセンター後楽に電話をして、「これから避難したい」と連絡。10分ほどすると、後楽の職員数人も福祉車両に乗って駆け付けてくれた。

その日、施設に泊まっていた高齢者は、入居者29人、ショートステイ利用者7人の合計36人。準備が整った高齢者から順次玄関に集まってもらい、車に乗せていった。

後楽までは車で片道5分ぐらい。乗り降りに5分から10分を要するため、一台が出発して帰ってくるまでに20分ほどの時間がかかっていた。車両は9台。岸本さんは玄関で、誰を車に乗せるか指示を出したり、運転手に「気をつけて行ってきて」と声をかけたりを延々と繰り返していた。

夕方から強くなっていた雨は、その勢いを弱めることなく、激しく降り続いていた。市からの災害情報が屋外スピーカーを通じて放送されていたかもしれないが、降りしきる雨の音で何も聞こえなかった。

日付が7日に変わる0時頃、36人目の高齢者を車に乗せて送り出し、入居者・ショートステイ利用者の避難を完了させた。

ここまでの一連の出来事を振り返るかぎりでは、岸本さんの判断・行動は「高齢者の避難を迅速に行なった、すばらしい対応」と見えなくもない。早い段階から災害のリスクを認識し、系列の施設や職員たちに声をかけるなどの準備をして、いざ避難勧告が発令されたら迷うことなく避難行動に移れているのだから。

だが、岸本さんは言う。

「高齢者を無事に送り出した、まさにその直後から、自分たちの災害対策マニュアルが〝絵に描いた餅〟であったと痛感することになったんです」

逃げ遅れた自分たちは深夜の屋上へ

最初のほころびは、高齢者を後楽へと送り届け、戻ってきた職員から発せられた。

「こちらの職員を何人か、後楽へ行かせられないだろうか、と言うんです。聞けば、後楽では避難してきた高齢者のことがわからず、受け入れの対応が十分にできていないらしい。うちの職員をすぐに後楽へ向かわせましたが、そこからはすべてが、問題が起こってからの後追いの対応になっていきました」

戻ってきた職員が「布団がありません」と言えば、こちらの部屋のベッドからマットレスを外し、毛布や枕も持ってこさせる。「薬がない」と言われれば、薬をかき集めて運ぶ。

「結局、私は『入居者を避難させること』にしか頭が向いておらず、避難先でどのような態勢を整えておくべきか、そのために職員をどう配置して、どのような備品や薬を一緒に運ぶかまでは考えられていなかったんです」

備品や薬を運び出している最中、今度は施設内の奥の部屋にいた職員から「大変です！」という声が聞こえてきた。

岸本さんが駆け付けると、掃き出し窓の向こう側に20センチほどの水が溜まり、まるで水槽のようになっていた。水面はゆらゆら揺れ、窓のすき間からはじわじわと水が入り込んできている。部屋にいた職員は、毛布を窓のすき間に押し付けて水の浸入を食い止めようとしたり、備品が濡れないようにカーテンをたくし上げたり、椅子を机の上に上げたりしている。モップを持ってきて、床を拭いている職員もいた。

「そこにいた全員が、目の前の浸水に対処しようと一生懸命で、これから先どんなことが起こるのか、誰も考えていなかったと思います。私自身もそうです。『すごい水が来ている！』『どうしよう！』と思うだけで、この時点では河川氾濫の可能性についてはまったく頭にありませんでした」

大変なことになったなと思いながら施設内を巡回したあと、ふたたび玄関に戻ると、さっきまでは来ていなかった水が玄関にも溜まりはじめていた。玄関前に停車していた車のホイールが浸かるぐらいだったので、水深は20センチほどか。そのときもまだ、何人かの職員が備品や薬を車に積み込んでいたが、岸本さんは「もう車は出すな」と指示し、作業していた職員全員を屋内へと呼び戻した。

玄関の水位は見る見るうちに上がっていく。水ははじめ建物の東側から来ていたが、いつしか西側からも来るようになっていた。

「もう外に逃げるのは無理だ」

そう判断した岸本さんは、施設に残っていた職員24人を全員玄関に集め、「外にはもう逃げられないから、屋上に避難しよう」と伝えた。倉庫から脚立を引っ張り出してきて、中庭側の外壁に立てかける。そこから順々に屋上へと登っていった。

「その時点では気持ち的にまだゆとりもあったんだと思います。『雨が降っているので傘を持って上がろう』とか、『お茶やお菓子もあった方がいいんじゃないか』『バスタオルや紙オムツも持っていこう』とそれぞれから声が上がり、物資を集めては屋上へ上げていました」

すべての物資を上げて、24人全員が屋上に上がったのは1時頃。

屋上から高窓越しに建物内をのぞき込むと、外から水がどんどん流れ込んできていた。水と一緒に机や椅子、畳などが窓ガラスを突き破って室内に入ってくる様子からは、水流の勢いがかなり強くなっていることがうかがえた。

高齢者の避難が完了したのが0時。それからわずか1時間で、岸本さんたちを取り巻く環境は激変し、もはや施設から外へ逃げることは不可能になってしまったのだ。

目の前に広がる異様な光景

土砂降りの雨はずっと続いていた。7月上旬とはいえ、衣類が雨に濡れていたために体は冷え切っていた。寒さをしのぐため、屋上に上げた大量のゴミ袋に穴を開けて、頭から何枚

早朝、水はゆっくりと増え続け、避難している屋上のすぐ下まで迫ってきた

水が引いたあとの建物内の様子。テーブルやベッドなどが無秩序に散乱し、すべてが泥にまみれていた

もかぶって保温をした。吹き付けてくる風は、余っている傘を壁のように立てかけて、何とかしのいだ。

岸本さんは、施設長である自分が職員を守らなければという責任感もあって、彼らの間を行き来しながら、「みんな頑張ろうな」などと声をかけてまわっていた。

市のハザードマップによれば、クレールエステート悠楽がある地域の浸水深は5メートル以上。職員が最初に避難した建物の屋上はだいたい3メートルぐらいで、もっとも高い場所で5メートルほどしかない。水が増え続ければ、最悪の場合、建物全体が水没してしまう可能性もあったわけだ。

だが、この時点では「そこまでの危機感はなかった」と岸本さんは言う。

「私たちが屋上へと避難する前後で、水は一時急激に増えましたが、しばらくすると車のボンネットが浸かるか浸からないぐらいの水位で止まっていた。その様子を見て、『もう水は止まった』『これ以上増えることはない』と思っていました」

恐ろしかったのは、2時か3時ぐらい、突然停電した瞬間だった。

「それまでは施設の照明も街灯もついていたんです。それがある瞬間に一斉に消えて、周囲が一気に暗闇に包まれた。女性の職員のなかには悲鳴を上げる者もいました。いったい何が起きているのか、自分たちがどういう状況に陥っているかもわからないなかで、停電して真っ暗闇になり、視界を通じて入ってくる情報が突如として失われる。あのときは私も不安になりました」

それでも4時ぐらいになると、夜が明け、周囲がうっすらと明るくなってきた。停電によって一度は失われた周囲の光景も、徐々に見えるようになってきた。と、そのとき、岸本さんはあることに気づく。深夜、街灯などによってまだかろうじて視界があったときには、水位は車のボンネットぐらいだった。しかし、薄明かりのなか、ぼんやりと周囲を眺めると、車の姿がどこにも見えない。水位が上がり、車の屋根上まで覆い隠してしまっていたのだ。

水はその後もゆっくりと増え続け、建物の窓ガラスが水没し、換気扇のフードも浸かってしまう。

「この場所も浸かるかもしれない」

そう思った岸本さんは、施設の西側のもっとも高い場所へ全員を移動させた。

時間の経過とともに周囲はだんだんと明るくなり、視界も開けてきた。見渡すかぎりが水没していた。あちこちの住宅では、住民が屋根の上に登ったり、2階の窓から身を乗り出したりしていた。どこからか「助けてくれ」という叫び声も聞こえてくる。でも、自分たちも屋上から身動きが取れないので、どうすることもできない。

「異様な光景でしたよ。まるで映画のワンシーンを見ているような非現実的な気分に包まれながら、ただただ『大変なことが起こっているな……』と呆然と眺めることしかできませんでした」

スマホから情報を得ようにも、岸本さんのスマホのバッテリーはすでに切れてしまっていた。かろうじてスマホのバッテリーが残っていた職員がSNSを見ながら、どこの地区がどれだけ浸水しているかなどの情報を教えてくれた。その断片的な情報を通じて、真備町地区全体がとんでもないことになっていると把握することができた。

7時か、8時ぐらいだったか、頭上でパタパタパタという音がして、ヘリコプターが一機飛んできた。しばらくすると、2機目、3機目とその数が増えていく。しかし、それらのヘリコプターは高度を下げることなく、ただ上空を旋回するだけで何もしない。

「頭上に響くヘリコプターの音がとにかく不快でした」

そのヘリコプターはたぶん、自衛隊か消防の先遣隊として現地の被災状況の偵察を行なっていたのだろう。災害の初動時としては不可欠な活動だ。だが、屋上でつらい一夜を明かし、心身ともに疲弊していた岸本さんには「不快な音」として強く印象に残っている。

水位の上昇とともに訪れた死の恐怖

しばらくすると、今度は消防のボートがやってきた。しかし、すぐに岸本さんたちを救助することはなく、「また来ます」と言って、離れていってしまう。そのあとには自衛隊の大きなボートもやってきたが、やはりまだ救助活動はしなかった。

救助を待つ間、東の方に目を向けると、遠くに小田川の支流である末政川の土手が見えた。末政川は普段はちょろちょろとしか流れていない小さな川だったが、そのときは土手に噴水のような水柱が立ち上っていた。土手近くの家が傾いているのも遠目に見えた。

屋上に避難して、すでに6時間以上が過ぎていた。職員たちは夜が明けるまではわりと元気で互いに励まし合っていたが、寒さで徐々に体力を奪われ、また睡魔も襲ってきているようで、座り込んで居眠りをしている者も何人かいた。会話はどんどん減り、無言の時間が長くなる。岸本さんも日が高くなるにつれて眠くなり、脚がだるくなってきた。そのため職員に声をかけながら動きまわるのがしんどくなり、無言で座り込んでいる時間が増えていた。

周囲の水位はじわじわと上がっていた。自分たちがいる場所のすぐ下、5メートルぐらいの高さまで水が来たとき、「もしこれ以上水が増えたら、もう逃げる場所はないので、漂流するしかない」と覚悟した。そこで、建物の周囲にタイヤやポリタンクなどの漂流物が近づいてくると、男性職員が協力して身を乗り出したり、長い棒で引き寄せたりして、屋上へ持ち上げておいた。

その最中、一瞬だけだったが、ふと「もしかしたら自分たちは死ぬかもしれない」という死の恐怖が湧き上がってきたという。

「どれだけひどい浸水でも、水位が自分たちのいる場所よりもずっと下であれば、『水はもう増えないだろう』『待っていれば、誰かが助けに来てくれるはず』と、それなりに気持ちにも余裕を持てたんです。でも、水位がどんどん上がり、自分たちの足元のすぐそばまで迫ってきたときは、さすがに怖かったですね」

しかし、幸運にも水は屋上までも浸すことはなく、そのすぐ下で止まった。

あちこちから自衛隊や消防のボートがやってくるようになり、なかには民間の有志が自前のゴムボートで救助活動をしている姿もあった。

小さなボートでそれぞれの住宅から救助された近隣の住民たちは、一時的にクレールエステート悠楽の屋上に集められた。建物は頑丈な鉄筋コンクリート造で、屋上は広く平らだっ

自衛隊のボートで上陸地点へと向かう真備町地区の住民たち。井原鉄道の高架が頭上のすぐそばまで迫っていた

たためだ。多いときで、職員24人に加えて、60人ほどの地域住民が集まっていた。

施設の屋上からボートで移動するときには、まずは住民を優先した。それは地域で事業を行なう社会福祉法人の社員として当然のことと考えての判断だった。だが、胸の内では「このボートは本当にまた来てくれるんだろうか」という不安な気持ちも抱えていた。

地域住民の避難が完了したあと、職員の番となり、女性の職員から順にボートに乗ってもらった。職員を送り出し、岸本さんら最後まで残ったメンバーが自衛隊のボートに乗れたのは、日も落ちかけた19時頃だった。

岸本さんら30人ほどを乗せたボートは、南に15分ほど行ったところにある二万橋のそばの上陸地点へと向かっていった。その移動中、普段は道路から見上げている看板が、視線と同じ高さにあった。井原鉄道の高架もほとんどが水に浸かってしまい、高架下をくぐれる場所を探して通過した。高架の下を通るとき、自衛隊員が「頭を下げてください」と声をかけてきた。

町のすべてが水に沈んでいた。岸本さんは、目にする何もかもが信じられず、現実の光景とは思えなかった。

＊＊＊＊

「幸いにして全員無事だったのですが、自分の部下24人の命を危険にさらしてしまったことは事実です。モップで床を拭いたり、椅子を机の上に上げたりしているときに、なぜ『そんなことは放っておいて、すぐに逃げろ』と言えなかったのか。その後悔は今も重く、私の心に残っています」

災害時の自身の行動を振り返り、岸本さんはこう話してくれた。

「入居者の安全を守ることは職員としての使命です。その最低限の役割を果たせたことに対しては、職員たちにも『胸を張ろう』と言っています。でも、その後の自分たちの行動に目を向けると、後悔がいくつもあります。

根底には、やはり晴れの国・岡山という意識、この岡山で大きな水害が起こるはずがないという根拠のない思い込みがあったんだと思います。だから、水が来ていても、河川が氾濫したとか、堤防が決壊したということまで想像を広げることができなかった。本当の意味での危機感が足りていなかったので、自分たちの避難ということまでは考えられなかったんだと思います」

事例２　岡山県倉敷市真備町川辺地区

消えぬ後悔

災害時、身近な人を失うことなく、自分自身辛くも生き残れたとしても、岸本さんのように自らの判断や行動に後悔の念を抱いている人はいる。

真備町川辺地区で被災した松田美津枝さん（61）もそのひとりだ。

豪雨の翌日、自宅などに取り残された人を捜索・救助するためにヘリコプターが上空を飛んでいるのを見るたびに、「自分が情けない気持ちになった」という。

「自主防災組織があり、住民同士で情報共有や避難行動がちゃんとできていれば、救助される人をこんなにもたくさん出すこともなかったのに……と。自分が取り組んできたことを活かすことができなかったと思うと、本当に情けなくて」

松田さんはこれまで30年近く、地域の活動に関わってきた。はじめは川辺地区の愛育委員となり、地区の代表や旧真備町全体の副会長も務めた。やがて「川辺地区まちづくり推進協議会」にも参加するようになり、夏祭りなど地域のイベントを手伝うように。現在では協議会の事務局・広報部長という立場にある。

まちづくり推進協議会では、防災活動にも積極的に取り組んでいた。

「私は結婚して川辺に来たのですが、当時の自宅には昭和51年の水害の跡が残り、土壁も一部壊れたままになっていたんです。だから、この地区は水害が起こるところだという認識はありました。生まれが山の方だった私としては、とにかく水が怖くて。自主防災組織を作るなり、水害の勉強をするなり、何か活動をしなければという想いを強く持っていました。それで私が企画して、防災研修会などを実施するようになったんです」

第1回の研修会は、奇しくも東日本大震災直後、２０１１年3月19日に開催。地元の消防署員に救急救命法を講習してもらった。

その後も松田さんが中心となって定期的に防災研修会や避難訓練を行なったが、協議会内での足並みが揃わず、はじめは年4回だったものが3回になり、2回になり、と回数が減っていった。

「役員のなかには『そんなにせんでもええじゃろ』と言う人もいたんです。『晴れの国・岡山なんじゃけ、災害なんてこりゃあせん』『大きな堤防もあるし、大丈夫、大丈夫』と。それで年々縮小してしまって」

それでも松田さんは、ほかの役員を何とか説き伏せながら、研修会や訓練を継続。川辺地区は大規模水害の際、地区全域が水没し、隣接する地区の避難所を利用しなければならないため、ほかの地区との合同の避難訓練なども実施していた。

＊＊＊＊

7月6日は朝から雨が降り続き、夕方頃にはその激しさを増していた。夕食のあと、松田さんは同じ敷地内に住む娘夫婦と避難の方法などについて話し合っている。

「娘には1歳児と幼稚園に通う子供がいました。『もう夜だし、雨もすごいので、今は外に出られない』『小さな子供を連れて避難所は大変』ということで、『じゃあ、お互い垂直避難*だね』と確認して別れました」

その後、22時に倉敷市から真備町地区全域に避難勧告が発令。娘夫婦は念のために夫の実家に避難することを決めて、22時30分頃自宅を出ていった。

娘夫婦と孫たちがいち早く自宅を離れたことで、松田さんも安心して水平避難*ができる状況となり、地域の防災活動を一緒に取り組んできた友人Aさんと「私たちはどうしようか？」と電話で相談していた。

その最中、突如ものすごい爆発音と衝撃が、あたり一帯に響き渡る。それは北へ2キロほどのところにある総社市下原のアルミリサイクル工場が爆発した音だったのだが（詳しくは「事例3　岡山県総社市下原地区」を参照）、松田さんたちはその事実を知る由もないまま、即座に自宅を出て避難することを決めた。

河川の氾濫による洪水が発生した場合、川辺地区の指定避難所（川辺小学校、真備公民館川辺分館）はどちらも浸水区域に位置しているため、避難先の第一候補は隣接する岡田地区の岡田小学校となる。ただ、別の小学校にすでに避難している人から「もういっぱいで、入れないかもしれない」という情報を得ており、岡田小学校も岡田地区の住民が大勢避難し、混雑していることが予想された。そこで松田さんは、薗小学校近くに住む友人Bさんに電話

＊垂直避難と水平避難
自宅を出て避難所などに避難することを水平避難と呼び、自宅の2階などに避難することを垂直避難という。垂直避難は、災害時に身に危険が迫っているが、安全な場所まで避難する時間がない場合、あるいは天候や時間帯によって水平避難が困難な場合に行なうことが多い。

して、「避難させてほしい」とお願いした。

「以前、その友人から『避難所なんて行かずに、うちに来ればいいよ』なんて、きっと冗談半分だと思うのですが、言ってもらっていたんです。なので、電話をしてみたら『いいよ、いいよ、ぜひ来て』ということだったので、友人宅に避難することにしたんです」

Aさんの夫が運転する車に乗り込み、横なぐりの雨のなか、3キロほど離れたBさん宅へと向かった。その途中、有井の交差点あたりで信じられない光景を目にする。

「交差点の先には末政川が流れているのですが、越水して、道路にも滝のように水が流れ込んでいたんです。Aさんのご主人は水の中を突っ切って走ってくれたのですが、たぶん私だったら怖くて行けなかったと思います」

なぜ自宅に戻ってしまったのか……3つの後悔

Bさん宅に到着したのは、日付が変わる少し前だった。避難勧告の発令からおよそ2時間。末政川の越水に遭遇するも被害が甚大化する前であり、スムーズな避難だったと言っていいだろう。

ただ、自身の避難行動を振り返ったとき、松田さんにはいくつかの後悔がある。

ひとつは、夫を家に残してしまったこと。

「私が『避難するよ』と声をかけたとき、夫は『家が心配だから残る』と言うんです。はじめは『いやいや、避難した方がいいでしょ』と説得しました。けれど、『昭和51年のときは10センチぐらいの浸水だったし、今回も、よう来ても50センチぐらいだろうから大丈夫じゃろう』と頑として譲らない。私も『まあ、大丈夫かな』と思ってしまい、夫を残して家を出てしまったんです」

近隣の人に避難を促せなかったことも悔いが残っている。

松田さんがまだ自宅にいて、Aさんと避難の相談をしていた23時頃、近所に住むCさんから着信があった。「まだ避難せんでもええよな？」。そう尋ねるCさんに対して、松田さんは「避難勧告が出ているので、すぐに避難すべき」とははっきり言えず、「ええ、まぁ……」と同意と受け取られるような曖昧な返事しかできなかった。

「人に避難を促すほどの確固たる自信や根拠が、そのときの私にはなかったんです。Cさんは、近所のほかの方にも『まだ避難しなくていい』と話していたそうです。結局、Cさんや近所の方たちは自宅に留まり、翌日、消防や自衛隊に救助されています」

そして3つ目の後悔は、翌朝の行動。一時的とはいえ、自宅に戻ったことだ。

Bさん宅に避難した日の夜、地区の民生委員から電話が入った。真備公民館川辺分館でおにぎりを作って岡田小学校へ持っていくので手伝ってほしい、とのことだった。岡田小学校には、川辺の住民も避難している。まちづくり推進協議会の役員として自分にできることはしたい。松田さんはそう考えていたので、翌日のおにぎり作りに加わることを快諾した。

翌早朝、窓を開けると、昨晩の豪雨が嘘のように小雨になっていた。Bさん宅は末政川のすぐそばにあり、部屋から見下ろすと、水位はかなり下がっていた。チュンチュンとスズメの鳴く声もどこからか聞こえてくる。

「何事も起こっていないかのような静かな朝でしたね」

おにぎり作りの準備をするため、松田さんはひとまずAさん夫婦と自宅へ戻ることにした。いつも通っている道路はすでに冠水していたため、別の道から迂回していく。

このときの行動を、松田さんは「今考えれば、あり得ないことだった」と振り返る。

真備町地区全域には、1時30分の時点で「避難指示（緊急）」が発令され、明け方の4時にも再通知されていた。「避難指示（緊急）」が出ているということは、すでに災害が発生していてもおかしくない極めて危険な状況であったことが想定される。松田さん自身、「避難指示（緊急）」は認識していた。にもかかわらず、帰宅という選択をしたことが「自分でも信じられない」というのだ。

なぜ自宅に戻ったのか。その理由は、上手く説明できない。

「避難指示が出ていたので、本当は帰ってはいけなかったんですけどね……。でも、あんな水が来るとは想像もしていなかったし、町の様子がすごく静かだったのと、おにぎりを作る約束をしていたので、戻ってしまったというか」

もしこのとき、そのまま地区内に留まっておにぎり作りをしていたら、松田さんも浸水に巻き込まれて身動きが取れなくなり、救助されていたかもしれない。ただ、結果的にそれを回避できたのは、虫の知らせともいえる直感が働いたからだ。

自宅近くまで着いたとき、裏の用水路を見ると、今まさに溢れんばかりに増水していた。その様子を目にした瞬間、「ここにいては危ない、という気持ちが湧き上がってきたんです」と松田さんは話す。

「それまでも『末政川の水位が下がっているということは……』と心のどこかに引っかかってはいたんです。でも、そこまで深刻には考えていなかった。それが裏の用水路を見た途端、どうしてかは説明できないのですが、『ここにいてはいけない』と思えたんです」

松田さんは家に入るなり、残っていた夫に「やっぱり逃げた方がいい」「絶対に行くからね」と強い口調で訴えた。おにぎりの件も電話で断った。そして、パソコンなど大事なものだけは2階へと上げておき、すぐに車に乗り込んでBさん宅へと再避難したのだった。

その後、川辺地区はハザードマップどおりに地区全体が浸水し、松田さんの自宅も2階の35センチぐらいの高さまで水に浸かった。原因は、末政川や小田川の堤防が決壊したためだった。

避難ごっこのつもりで

松田さんと同じ真備町川辺地区で被災した、槙原聡美さん（39）にも話を聞いた。

槙原さんの家は、夫と2人の子供（中1の息子と小5の娘）の4人家族。6日夜は、スマホで雨雲レーダーを見て「すごい雨が降りそうだ」という認識はあったものの、特別に危機感を募らせることもなく、「いつもどおりに夕飯を食べ、お風呂に入り、家族でテレビを見ていた」という。

「ただその頃にはすでに、家族それぞれのスマホや携帯電話に次々と防災メールが届き、夫と『今日はケータイがよく鳴るね』なんて話していました」

最初に「避難しよう」と言い出したのは、小学生の娘だった。鳴り続ける着信音に落ち着かない気持ちになったのか、そそくさと遠足用のリュックサックを出してきて、そこにあったけのお菓子やジュースを詰めて、避難準備をはじめたのだった。子供なりに切迫感を強める娘に対し、槙原さんの夫は「2階に寝れば大丈夫だよ」と、のん気に応じていた。

家族でそんなやりとりをしていたとき、凄まじい爆発音と衝撃が家中に響く。総社市下原のアルミ工場の爆発である。とっさに家族全員でトイレに逃げ込んだ。

「ミサイルが落ちたんじゃないかと思うような、経験したことのない爆音と衝撃でした。家が浮き上がるような感覚がありましたね」

息子のスマホのLINEグループに爆発に関する書き込みが相次ぎ、「誰々が避難する」「誰々は家に残る」という知り合いの避難情報も入ってくるようになる。自宅前には国道486号線が走っており、消防車などの緊急車両がサイレンを鳴らしながら何台も走り去っていく。息子はスマホを手に持ち、家の中をうろうろ歩きまわっていた。

爆発から30分ほど経過していただろうか。０時をまわった頃、槙原さんは夫にこう提案する。

「避難ごっこのつもりで、形だけでも避難所に行ってみようよ」

子供たちはそわそわして、このまま家にいても寝られそうもない。だったら気持ちを落ち着ける意味でも、ひとまず家を出て避難した方がいいのではないか。はじめは渋っていた夫もすぐに納得してくれ、家族４人、車で避難することになった。

向かったのは、隣の岡田地区の指定避難所である岡田小学校だった。

「以前、松田さんから『川辺は逃げる場所がない』『行くんだったら、岡田小学校か、総合公園』という話を聞いていました。それでとりあえず岡田小に避難することにしたんです」

だが、岡田小学校にはすでに大勢の避難者が詰めかけており、避難所内に入ることすらできなかった。かろうじて校舎裏の駐車場に車だけは停めることができたものの、普段来たことのない別地区の小学校だったため、トイレに行こうにもどこにあるかわからない。雨が降り、足元がぬかるんでいるなか、歩きまわることも億劫だったため、トイレを求めて、わざわざ車で近くのコンビニまで移動することにした。ところが、店員がみな避難してしまったのだろう、入口が施錠されて店内に入ることができなかった。仕方なく、トイレのために自宅へと戻ることにした。

トイレを済ませたあと、夫婦であらためて次の行動を相談し合った。夫は「2階で寝る」と言うが、槙原さんは「家にいてもどうせ眠れないので、逃げとこうよ」と反論した。しばし意見を交わしたのち、今度は総合公園へと向かうことにした。

しかし、この2度目の避難行動も上手くはいかなかった。

総合公園に近づくとひどい渋滞が発生していて、とてもじゃないが中に入れそうもなかったのだ。そのため総合公園への避難は諦めて、またもや自宅へと引き返すハメになってしまった。

その途上、県道278号線を走っていると、道路が泥水で冠水していることに気づいた。車の流れも滞り、やがて完全に止まってしまった。すでに水位は30センチほど、大人の膝下ぐらいの深さがあった。道の先には末政川が流れていたので、泥水も川の越水によるものと思われた。

「ただ、私たちの中には『危ない』という感覚がぜんぜんなくって。車の中で『どうして進まないんだろう』『どうしようか』と話しながら、様子をうかがっていたんです」

しばらくすると停まっていた一台のトラックから運転手の男性が下りてきて、渋滞する車に向かって「下がれ」「こっちには行けないぞ」と呼びかけをはじめた。槙原さんの夫もいったん車を降りて、先へ進めないことを確認すると、ルートを変えるべく車をバックで移動させた。

「そのときには、どこが道で、どこが側溝か、わからないような状態でした。かろうじてガードレールが出ていたので、それを頼りに道路の位置を推測してバックしていきました」

国道に出ると、そのあたりにはまだ水は来ておらず、スムーズに自宅へ戻ることができた。

帰れなくなった家

避難場所として考えていた岡田小学校にも総合公園にも入れず、槙原さん家族は行き場を失ってしまう。夫は「2階に上がっておけばいいよ」と同じ意見を繰り返すが、槙原さんはどうしても自宅以外の場所に避難しておきたかった。

そのとき、ふと思い浮かんだのが、総合公園の少し手前にある吉備路クリーンセンターだった。

「総合公園に行くとき、クリーンセンターの方向に車が入っていくのを偶然目にしていて。あそこだったら車を停められるんじゃないかと思ったんです」

槙原さんの予想は的中する。緊急時ということでクリーンセンターのグラウンドが開放され、車を停めることができたのだ。

やっと落ち着ける場所を見つけた槙原さん一家は、車の中で一晩を過ごす。

翌朝、目を覚ました槙原さんたちは、車の中で「朝食、どうしようか」と、いつもと変わらない会話を交わしていた。そのとき、タバコを吸いに外に出ていた夫が、車に入るなり、こう言った。

「もう戻れない。町中、浸かっているよ」

槙原さんははじめ、夫の言っていることが理解できず、「浸かっているって、どういうこと?」「家に帰れんってこと?」と尋ねた。夫は「見れば、わかるよ」と言うだけで詳しく説明してくれない。槙原さんも「じゃあ、見ない」と車の中に留まった。

「足元はぐちゃぐちゃだし、わざわざ傘をさしてまで車の外に出たいとは思えなかったんです。水に浸かった町を見たくなかった、見るのが怖かったという感情も心の奥底にはあったかもしれませんが、意識には上がってなかったですね。そのときは、ただただ外に出るのが面倒だな、と」

家に戻れないのであれば、ほかに行くところを考えるしかない。幸い、隣接する総社市に槙原さんの実家があった。

「うちに帰れないらしいから、そっちに行ってもいいかな？」

実家の両親にそう電話をしてから、槙原さんたちはクリーンセンターをあとにした。

＊＊＊

松田さんと槙原さん。ふたりに共通するのは、浸水被害が拡大する前に避難行動をとっているにもかかわらず、その後、松田さんは翌朝に一度、槙原さんは深夜のうちに2度も、浸水するかもしれない自宅へと戻っていることだ。

そこで槙原さんにも、松田さんと同じ質問を投げかけてみた。なぜ一度は避難したのに自宅に戻ったのか、と。

槙原さんの答えは「実感がなかった」だった。

「道路が冠水している様子を実際に見ても、ちょっと移動して何も問題がないと、『あそこの場所だけが特別だったんだ』『ほかはまだ大丈夫なんだ』と思ってしまう。自分が危ないところにいる、危ないことをしている実感はなかったんです」

危機感がまったくなかったわけではないだろう。現に槙原さんは、夫の「自宅の2階で寝れば大丈夫」という再三の意見に対して、「自宅を離れた方がいい」と車での避難行動を促している。

そんな彼女でさえ、土砂降りの雨のなか、川の越水によって冠水した道路を見ても、災害が起こりつつあるという実感が持てなかった。

そうした心情や感覚は、私自身を含めて現場にいなかった人間には理解しづらいかもしれないが、被災した当事者の偽らざる本音なのだろう。

事例3　岡山県総社市下原地区

地区を襲った二重の災害

河川のどの場所でいつ決壊が起こるのか。山のどの斜面でいつ土石流が発生するのか——そうしたことが確実に予測できれば、災害の予防や迅速な避難はたやすい。だが、そんなことは現実にはあり得ない。人間がどれだけ調査を重ね、データを集めたとしても、自然は常に不確実性をはらんでいる。

豪雨災害の現場では、いつどこで何が起こるのか100%正確にはわからないなかで、人は判断を下し、行動しなければならない。さらに、過去に例のないような激しい豪雨は、河川の決壊や土石流以外の、まったく想定していなかった事態さえも引き起こすことがある。

総社市下原のアルミ工場の爆発は、まさにその典型だろう。

7月6日23時35分、近隣の住民が激しい雨とそれに伴う河川の決壊に警戒を強めるなか、突如として爆発が起こった。原因は、工場のすぐそばを流れる川が溢れて、溶解炉に水が流れ込んだためだといわれている。爆音は周囲数キロにわたって響き渡り、爆風も凄まじいものだった。その爆発によって、下原地区は甚大な被害を受けた。

災害から5カ月が経った12月中旬、取材のために下原地区を訪れたとき、多くの家屋の屋根や窓、壁にブルーシートがかけられているのを目にした。

「爆発によってアルミ工場から数え切れないほどの破片が飛んできて、その飛来物で屋根に穴が開いてしまったんです。ガラス窓は、破片のほか、爆風による衝撃で割れてしまいました」

案内してくれた、下原自主防災組織・副本部長の川田一馬さん（70）は当時の状況を丁寧に説明してくれる。

破片は火の玉のように燃えていたため、いくつかの建物では火災が発生。4棟は焼け落ちてしまった。長さ6メートルほどの鉄鋼材、4メートルほどの金属製ダクト、大人2人でも持ち上げられないような金属塊も飛んできた。

「下原地区にはおよそ110世帯が暮らしていますが、全世帯が、爆発による被害を大なり小なり受けました。また、その後の小田川の決壊によって、100世帯以上が床上浸水をしています」

アルミ工場の爆発と火災。そして、河川の決壊による浸水――そうした二重の災害に見舞われたにもかかわらず、下原地区では全戸全住民が迅速な避難を行ない、犠牲者をひとりも出していない。

下原の人々は、どのように判断・行動し、全戸避難を実現したのか。6日から7日にかけての動きを振り返る。

＊＊＊

下原地区は、東に高梁川と新本川、南に小田川が流れ、その3本の川が合流する地点の上流部に位置している。

この地区に自主防災組織が設立されたのは、2012年4月。自主防災組織とは、地域の住民たちが自主的に結成する防災のための共助組織で、主に町内会や自治会を母体として作られる。設立のきっかけは、その前年に発生した東日本大震災だった。

設立を主導したひとり、川田さんは当時の想いをこう話す。

「東北の大震災が他人事には思えなかったんです。岡山は『晴れの国』で『災害が少ない』という人もいましたが、そんなことはありません。実際、明治26年には高梁川の堤防が決壊し、下原ではほとんどの家屋が濁流にのまれて32人が犠牲になりました。小田川も昭和47年と51年に氾濫していますから、小田川への危機感も常日頃から持っていました」

また当時、総社市では自主防災組織の結成率を高めようという動きがあり、それも後押しとなった。

設立後は、年1回の避難訓練のほか、避難経路の整備、非常持出袋の全戸への配布、安否確認表の作成、ほかの地域での災害ボランティアへの参加などの活動を実施。地域の住民に防災意識を根付かせていった。

西日本豪雨の際にも、この自主防災組織の役員が中心となって住民の避難を誘導した。役員が最初に下原公会堂に集まったのは、6日16時のことだ。

「下原地区にはまだ避難情報は出ていませんでしたが、総社市の一部地域では昼過ぎに土砂災害を警戒して避難勧告が発令されていました。日頃から『早め早めに動こう』という話はしていたので、まずは集まって大雨や土砂崩れの対応について打ち合わせをすることにしたんです」

ただ、この時点ではそれほど切迫感はなく、「今の状況であれば、まだしばらくは大丈夫そうだ」「自宅に待機して様子を見よう」ということで、30分ほどで解散となった。

解散後、川田さんはほかの役員と一緒に小田川の様子を見に行ったが、「水かさは増えていたものの、特に異常は感じなかった」という。

その後、雨は強まり、21時30分に総社市全域に避難勧告が発令された。

市からの避難勧告を受け、22時、12人の役員は再度公会堂に集まり、河川が氾濫して洪水が起こった場合の対応について話し合った。このときは住民の避難方法などが具体的に検討され、すでに夜も遅く、激しい雨と暗闇のなか、自宅外に避難することはかえってリスクが高いと判断し、自宅の2階への垂直避難を呼びかけることを決める。

川田さんは、別の役員とともに拡声器を載せた軽トラックに乗り込み、「洪水の恐れがあります。2階へ避難してください」と呼びかけながら、地区内を隈なくまわった。

総社市下原地区では、自主防災組織役員の小西安彦さん（左）や川田一馬さん（右）らが協力して、住民の避難を誘導した

堤防の決壊による浸水とともに、アルミ工場の爆発という想定外の災害が発生し、その爆風や飛来物によって地区の全世帯が被害を受けた

「住民への呼びかけは、もともと公会堂から放送できる屋外スピーカーを使っていました。ただ、屋外スピーカーの音は、雨音にかき消されたりして、屋内にいる住民には聞こえない可能性があった。そこで前年の避難訓練時に、軽トラに積んだ拡声器を併用する方法をテストしていたんです。それが本番で活きましたね」

呼びかけが終わり、公会堂に戻ると、今度は浸水被害が起きたあとの避難の流れについて打ち合わせをはじめた。

その話し合いの最中、23時35分にアルミ工場の爆発が起きる。

—私はそのとき、ホワイトボードの前に立っていたのですが、ドーンというものすごい音と同時に、ボードがバタンとすごい勢いで倒れかかってきました。窓ガラスは木っ端みじんになり、屋内に向かって吹き飛んできた。幸いホワイトボードが盾のようになってガラスの飛散を防いでくれたのですが、ボードから少しずれて座っていた何人かの役員は、ガラスで頭や顔などを切って出血しました」

はじめは何が起きたのかわからず、みな口々に「地震だ」「宇宙から何かが飛んできたんじゃないか」と言い合いながら、慌てて屋外に飛び出した。すると、東の空にオレンジ色の炎が立ち上り、その上をキノコ状の雲が覆っているのが目に飛び込んできた。それを見て全員がすぐに「アルミ工場が爆発したんだ」と察知した。

アルミ工場に近い、新本川沿いの建物では火災も発生しているようだった。すぐに消防車やパトカーのサイレンがあたりに響くようになる。何人かの役員は、緊急車両の誘導や消火活動の支援をするために駆け出していった。

0時34分、川田さんのケータイが鳴る。市の災害対策本部からだった。

「2回目の爆発の恐れがあるため、下原の住民は直ちに全員避難してほしい、とのことでした。自主防災活動を通じて日頃から関係のあった、市の危機管理室の方からも同じ内容の電話をもらいました」

川田さんら自主防災組織の役員は、すぐさま全戸避難のために動き出した。

マイカーと公用車で全戸避難へ

市から指示された避難場所は、下原地区から東へ3キロほどのところにある「きびじアリーナ」だった。

問題は住民の移動手段である。川田さんははじめ、災害対策本部に「市のマイクロバスを出してくれないか」と相談するも、「すぐには手配できない」との返事だった。そこでいったん電話を切り、近隣のタクシー会社に電話をかける。

「ワンボックスカーなど人がたくさん乗れる車をまわしてほしいとお願いしたんです。しかし、深夜だったため、ドライバーがおらず、すぐには対応できないとのことでした。『サントピア岡山総社』という、高梁川の上流3キロほどのところにある宿泊施設がマイクロバスを持っているのを知っていたので、そこにも電話をしてみました。が、やはり運転手がおらず、車は出せない、との返答だった。そうこうしているうちに災害対策本部からふたたび電話が来て、『公用車をまわせそうなので順次そちらに送る』と言ってもらえました。それでようやく、マイカーがある人はマイカーで、ない人はいったん公会堂に集まって市の公用車で避難する、という方針が決まったんです」

避難は、地区の約110世帯・350人ほどの住民を7つの班に分け、班ごとに行なうことになっていた。各班の班長は、避難の方針が決まると、安否確認表を手にして公会堂を飛び出していった。

猛烈な雨のなか、班長は自分が担当する家の住民に一軒ずつ声をかけ、避難指示を伝えてまわる。なかには自分の判断ですでに水平避難をしていた家もあり、その場合は玄関や勝手口から何度も呼びかけ、自宅に残っていないことを確かめてから次の家へと向かった。

住民たちの大半も、非常持出袋など最低限必要なものを持って２階への垂直避難をしていたので、班長の呼びかけに対してスムーズに動くことができた。市からは７人乗りのワンボックスカーが６台到着し、公会堂に集まった住民たちをピストン輸送で次々にきびじアリーナへと運んだ。

２時30分頃には、ほとんどの住民の避難が完了。安否確認表をチェックして、まだ自宅に残っている可能性があった数人も、岡山県警の警察官と一緒に班長が再度呼びかけに行き、連れ出すことができた。全戸避難を見届け、最後の役員が下原を離れたのは４時半頃のことだった。

その数時間後――夜が明けてから、きびじアリーナの一画に集まり、あらためて班ごとに住民の安否や所在を確認し合った。何世帯かは、きびじアリーナではなく、親類の家に避難していたが、電話で状況を聞くことができた。

ガラスの破片でケガをした人は十数人いたが、犠牲者や行方不明者、重傷者はおらず、全住民が無事だった。

犠牲者ゼロは訓練の賜物

下原地区はその後、小田川の決壊によって水が押し寄せ、水没した。浸水深は最大で2メートル以上の床上浸水だった。

アルミ工場の爆発と水害という二重の災害にもかかわらず、なぜ下原では犠牲者を出すことなく、全戸避難ができたのか。川田さんは「6年前からの自主防災活動と避難訓練の賜物」だと言う。

「どんな災害でも避難行動の基本は同じです。早めに始動し、行政側と情報交換を行ない、安否確認や避難行動の呼びかけなどを全住民に漏れなく行なう。毎年の避難訓練ではそれらを徹底して行なっていましたし、今回の災害時にはそのひとつひとつの手順が訓練どおりに機能しました。住民の危機意識も高く、こちらからの呼びかけに対して、しっかり準備して2階への垂直避難をしてくれていた。だからこそ、深夜、大雨のなかでの全戸避難となったときもスムーズに動けたんだと思います」

訓練の賜物を象徴する出来事として、川田さんはあるおばあちゃんのエピソードを教えてくれた。

そのおばあちゃんは脳梗塞を患って手足に不自由を抱え、日頃は杖や手すりを頼りにゆっくり移動するのが精いっぱいという状態だったという。そのため、避難時のリストには他人の支援が必要となる「要配慮者」に名前が登録されていた。

全戸避難が決まったとき、おばあちゃんの家には自家用車があったため、車での避難をすることになり、家族はおばあちゃんを迎えに部屋へと向かった。ところが、部屋の中には誰もいない。心配した家族は家中を探しまわるが、どこにも姿が見当たらなかった。では、どこにいたのか。驚いたことに、自力で移動して車に乗り込み、家族が来るのを待っていたというのだ。

「そのおばあちゃんは、驚く家族に向かって『みんな、なにしよるん。避難訓練のときにやったじゃろ。はよーこにゃあ』と言ったそうです。ひとりでは自由に動きまわれないはずのおばあちゃんが、誰よりも早く避難の車に乗れていたのは、避難訓練を通じてどのように行動すべきか体が覚えていたからではないでしょうか」

今回いくつかの被災地を取材するなかで、下原地区以外にも災害前から定期的に避難訓練を実施していた地域があった。だが、たいていは「形だけの訓練になっていた」ため、「災害時にはほとんど機能しなかった」という。

一方、下原地区では、「毎年地道に継続してきた避難訓練が本番でも活かせたからこそ、犠牲者ゼロを実現できた」と川田さんは胸を張る。

下原地区の訓練とそのほかの地域の訓練はいったい何が違うのか。それについては第3章で詳しく考えていきたい。

事例4　広島県広島市安芸区矢野東 梅河団地

最後の会話

西日本豪雨では、全国で237人もの人が亡くなっている。彼ら犠牲者の家族や友人たちはきっと、それぞれに整理しきれない深い悲しみや苦しみを胸の内に抱えながら、災害後の歳月を過ごしているのだろう。

2019年2月中旬、広島市安芸区矢野東の梅河団地を訪れたのも、家族を失った2人の被災者――神原常雄さん（74）と植木富士子さん（45）に話を聞くためだった。

苗字は違うがふたりは父娘の関係で、亡くなったのは植木さんの長男であり、神原さんにとっては孫にあたる、植木将太朗さん（18）。市内の工業高校に通う高校生だった。

梅河団地では、7月6日夜、背後の山で大規模な土石流が発生し、団地内の住宅約90棟のうち20棟あまりが全半壊。将太朗さんを含めて5人が犠牲となった。

災害直後から新聞などでは、息子あるいは孫を失った被災者として、ふたりの写真やコメントがたびたび報道されていた。そのため、電話で話をしたり、団地で対面したりしたとき、こちらから取材を申し込んだものの、私の中には常に逡巡する想いがあった。

彼らの心には今も深い悲しみが宿っているはずだ。災害時の記憶を呼び起こし、話をすれば、またつらく苦しい想いをさせることになるかもしれない。彼らには災害のことを語る義務も責任もない。そんな相手に対して、私はどう向き合い話を聞けばいいのだろうか……と。

そこで、彼らの率直な胸の内を聞くために、インタビューのなかでこう尋ねてみた。「なぜこれまで、私を含めてメディアの取材に応じてきたのか」と。

私の質問に対し、植木さんは「悔しかったから」と答えてくれた。

「自分が土砂災害について何も知らなかったことも、息子や近所の方が亡くなってしまったこともすごく悔しいんです。でも、被災して、ただ泣き寝入りしているのは嫌だった。じゃあ、何ができるかと考えると、次に同じようなことが起こったときに誰も死なない町にしていくことでしか、悔しさを解消できないんじゃないかと。もし息子が生きていれば、私は地域の防災とか、復興とか、たぶん関わらなかったと思う。家が流されただけだったら、『大変だった』とか言うだけで、きっと何もしていなかったと思うんです」

さまざまな感情がこみ上げてきたのだろう、植木さんはハンカチでそっと目頭を押さえた。

＊＊＊

梅河団地は、広島市安芸区の南の矢野地区にあり、県道34号線から山側に入った一帯に広がっている。矢野地区は広島市に属しているものの、ほかの市域とは陸地を接していない飛び地で、今回の豪雨で同じく大きな被害が発生した熊野町や坂町と隣接している。団地が開発されたのは40年以上前。日本は60年代の高度経済成長から続く安定成長期にあり、山地が7割を占める広島では山麓斜面の宅地開発が進んでいた。梅河団地も、そうした新興住宅地のひとつだったのだ。

神原さんは30代の頃、この団地に土地を買い、家を建てた。当時、植木さんは2歳で、姉は4歳。土地を買ったときはまだ宅地造成工事の真っ最中だったそうで、神原さん一家は団地の最初期の住民だった。

その後、結婚を機に植木さんは実家を出て、いったんは団地を離れたのだが、15年ほど前に実家近くで売りに出ていた中古の家を買い、2人の子供とともに戻ってきていた。

ネイリストとして働く彼女は、自分の店で接客をするかたわら、広島市街のカルチャースクールでネイリスト講座の講師もしている。7月6日の夕方も、いつものように店での仕事を終えて、車でスクールへと向かっていた。

「その日は雨がすごくて。いつもなら店からスクールまでは10分もかからないのに、大雨で道路が渋滞して、着いたのは授業開始ぎりぎりの18時半でした。ただ、この雨だと交通機関が麻痺して、授業後に生徒さんが帰れなくなる可能性があったので、直前だったのですが休校を決めて、建物前に停めた車の中からスクールと生徒さんにそれぞれ電話しました」

仕事の連絡を終えたあと、ふと「子供たちはどうしているかな」と思った植木さんは、自宅にいるだろう娘のスマホを鳴らしてみた。

「朝、私が出勤するとき、大学生の娘は『雨がひどいから、今日は学校に行くのはやめようかな』と言っていたんです。息子も、試験期間だったので、早く帰っているはずでした。私はふたりとも家にいると思ったので、とりあえず娘に電話をしたんです」

ところが、予想に反して、娘はどうしても出なければならない授業があったために大学に行ったらしく、今は雨を避けるためにスクール近くの店で時間をつぶしているという。もし大雨で電車が停まってしまったら、娘は帰れなくなってしまう。「私も近くにいるし、拾っていってあげるよ」と植木さんは娘のもとへ向かった。

娘を拾ったあと、自宅へと車を走らせた。相変わらず、渋滞はひどかった。それでも何とか矢野地区までは辿り着けたのだが、山あいに近づくあたりから道路が冠水し、水の勢いもあって先へと進めなくなってしまう。

自宅にひとり残っていた息子のことが心配になった植木さんは、動かない車の中から電話をかけた。

「水がすごいことになっているけど、そっちは大丈夫?」

電話に出た将太朗さんに、植木さんは尋ねた。

「そのとき、たしか息子が『停電している』と言ったような記憶があります。ひとりで怖い想いをするのもかわいそうなので、私は『じいちゃんちに行きんさい』と伝えました」

数分後、今度は将太朗さんから植木さんへ着信があった。

「母さん、やばいよ」

電話の向こうの将太朗さんがそう話す。声のうしろからは、ビュービューと風の吹く音が聞こえる。植木さんは「何が？」と聞き返した。その直後、将太朗さんの「やばっ」という呟くような小さな声と、ガシャガシャという耳障りな雑音が響き、電話は切れてしまった。

「一部の新聞には『やばい、と叫んだ』と書かれたのですが、それは違っていて。驚いて叫んだ感じはなく、息子の声はいたっていつもどおりでした。だから『やばっ』と聞こえて通話が途切れたときも、雨はひどいし、手元が濡れて何かのはずみでスマホを落としてしまったのかな、と」

だが、これが母子の最後の会話となる。

必死の救助活動

ここで時計の針を少し戻す。

植木さんが降りしきる雨のなか、娘とともに車で家へと向かっていたとき、神原さんは自宅の西隣、一段下の区画にあったプレハブ小屋でテレビを見ていた。そこは神原さんの隠れ部屋のようなスペースで、よくひとりで野球中継を見たりして過ごしていた。

そろそろ家に戻ろうか、とプレハブ小屋を出たのは19時30分頃。植木さんの自宅前あたりを通って、自分の家へと帰っていった。

取材をして意外だったのは、その時間、団地内にはそれほど強い雨が降っていなかったことだ。雨の降り方について、神原さんは次のように証言する。

「いちばんひどかったのは、18時頃だったと思います。でも、そのあと、いったん雨の降りは収まっている。わしが家に戻ったときも大して降っておらず、傘をさして普通に歩いていけましたから」

異変は、神原さんが自宅に戻ったあと、起こる。

「突然、ドドドドッとものすごい音が響いてきたんです。何が起こったんだ、と身構えていると、その数分後にさっきの何倍もの大きさでドドドドッて音がして。それを聞いて、うちのお母さんに『とにかくすぐに2階へ上がれ』と大声で呼びかけました」

それは山から押し寄せてくる土石流の音だった。

後日の調査によると、土石流は北東側の山地のふたつの谷で、時間差で発生したことがわかっている。神原さんが2回聞いた轟音は、まさにそのふたつの土石流の音だったのだ。

2階へ上がった神原さんは、あたりの様子を確認するために窓を開ける。すると、北側の隣家が大きく傾き、神原さん宅の軒近くに寄りかかるような状態になっていた。隣家の女性Cさんが窓から顔を出し、「神原さん、助けて！」と叫んでいる。一時は弱まっていた雨は、ふたたび激しさを増し、轟々と降り注いでいた。

Cさんを助けるため、神原さんは階段を駆け下り、玄関へと向かう。だが、すでに神原さん宅にも土砂が流れ込んでいて、玄関からは出られない。そこで２階の窓から外へ出て、Cさん宅の物置の屋根に飛び移り、そこから崩れかかっていたCさん宅の２階へとベランダ経由で入り、Cさんを外へと引っ張り出した。

助け出しはしたものの、Cさんには神原さんのように屋根から屋根へと飛び移ることはできそうにない。仕方がないので、土砂が来ていなかった神原さん宅の裏手の細い通路にいったん下りて、裏を迂回して家の中へと入っていった。

神原さんもCさんも全身ずぶ濡れだった。寒さで震えるCさんを風呂場へと連れていき、湯船に残っていたお湯で体を流させ、妻の服を貸して着替えさせた。

何とかCさんを助け出せたことに安心したのもつかの間、Cさんが神原さんにこう訴えた。

「うちの娘がまだ家に残っているんです」

聞けば、１階の台所にいるという。その時点でCさん宅の１階はすでに潰れていたが、とはいえ放っておくわけにもいかず、神原さんはふたたび物置の屋根を経由して、Cさん宅の2階へ移動した。だが、階段が壊れて、屋内からは1階へ下りていけそうもない。かといって外からも、1階の扉や窓はすべてぐしゃぐしゃになっているため、入れそうもなかった。ひとまず自宅へ戻った神原さんはCさんに事情を話し、「朝まで待つしかない」と伝えた。

山からとんでもない量の土砂が流れ落ちてきていることはすぐにわかった。だが、夜の闇に包まれて、いったい何が起き、団地がどうなっているのか、把握できずにいた。

一段下の区画を見ると、何人かの人が自分たちの背丈よりも大きな石のまわりに集まり、それを必死になって動かそうとしている姿が目に入った。暗くて状況は詳しくわからなかったが、流れてきた巨石や土砂、トラックなどに体を押しつぶされ、動けなくなっている男性を助け出そうとしているようだった。

「石はどうにもこうにも動きそうにありませんでした。そこでわしは、プレハブ小屋の脇に置いてあった鉄パイプをテコのようにして使えば、何とかなるかもしれないと思いついたんです。問題は、道路が1メートル以上の土砂で埋まって、まともに通れないため、プレハブ小屋から彼らのところに鉄パイプを運べないことでした」

いろいろ思案した揚げ句、脚立を引っ張り出してきて、ずぶずぶの土砂の上に横たえて橋のようにしてみた。その試みは成功し、急ごしらえの脚立の橋によって、土砂で埋まった道路に何とか立って、巨石のまわりに集まっていた人たちに鉄パイプを渡すことができた。

神原さんの車が停めてあったガレージのそばでは、近所の家の女性Dさんがブルブル震えながらうずくまっていた。「どうしたん?」と聞くと、弱々しい声で「私、流されたの」と答える。Dさんは娘と一緒に家にいたとき、土石流によって家ごと流されたそうで、何とか埋まらずに流れが止まったため、自宅近くのこの場所まで歩いて戻ってきたという。そばに娘の姿はなかった。

「わしは『とりあえずうちに来たらどうか』と言ったんだけど、その奥さんは『家の中に入るのが怖い』と言って動こうとはしなかったですね」

近隣の住民の救助に奔走している間も、神原さんの頭には当然、孫の将太朗さんのことがあった。

土石流が団地に流れ込んできたあと、一度植木さんから電話があり、「将太朗、そっちに行った?」と尋ねられていた。もちろん来ていなかったし、状況が状況だけに「流されたんじゃないか」という不安も抱いていた。

神原さんの自宅と植木さんの家は、距離にして数十メートルしか離れていない。通常であれば、様子を見に行くのに、歩いて1分もかからない。だが、このとき道路は土砂に埋まり、そのわずかな距離を歩いていくことさえできなかったのだ。その上、自分の家のまわりで助けを求める人々を放ってもおけなかった。

「どれだけ心配でも、そのときには孫の様子を見に行くことができなかったんです」

悔しさをにじませながら、神原さんはそう話してくれた。

息子の消息

植木さんは、将太朗さんとの通話が途切れたあと、何度も息子のスマホを鳴らしてみた。

「手が滑って落としたとしても、すぐに拾えるかもしれないし、今のスマホは水にも強いので、またつながるかもしれない。そう思って電話したのですが、まったくつながりませんでした」

とはいえ「つながらない＝息子の身に何かあった」とは思えず、「スマホは落としたけど、きっとじいちゃんの家に歩いていっているんだろうな」と考え、今度は神原さんの携帯電話を鳴らす。

　電話に出た神原さんに、植木さんは「将太朗、そっちに行った?」と尋ねた。しかし、「来ていない」という。祖父の家に行ってないということは自宅に引き返したのかな? それとも、落として流されたスマホを探しているのだろうか。そんなことを考えていると、神原さんが切迫した口調で尋ねてきた。

「いつ避難せぇと言ったんじゃ?」

　植木さんは「今、ついさっき」と何げなく応じる。すると、神原さんが言った。

「そのとき大きな土砂が来たから、一緒に持っていかれたかもしれんぞ」

　植木さんは、父の話している言葉の意味がまったくわからなかった。土砂って何? 持っていかれるって? 混乱する思考を何とか落ち着かせながら「どういうこと?」と聞くと、「うちも、隣の家が寄りかかってきていて、大変なことになっとる」と言う。家が寄りかかってくる? 植木さんの頭はますます混乱する。

「ケータイの電池の残りがあまりないから、とりあえず切るぞ」という父に向かって、植木さんは「将太朗を探しに出てよ」と懇願する。だが、神原さんは「玄関が塞がれて、外に出られない」と言う。

「父の言うことが、何から何まで意味がわからなかったんです。ただ、ケータイの電池がなくなってしまっては大変だと思い、納得できない想いを抱えながらも、電話を切りました」

自分はひとまず、近くに住む知人宅に身を寄せることにした。その知人は、子供たちが保育園に通っていた頃のママ友で、電話で「今から行ってもいい？」とお願いすると、快く承諾してくれた。道路の冠水で動かなくなった車はその場に残し、娘と一緒に歩いて向かった。

夜、知人宅に避難していたとき、一度だけ神原さんから連絡があった。その電話で神原さんは、探せる範囲で将太朗さんを探したが見つからないこと、植木さんの家も含め4軒ほどがなくなっていること、を伝えてきた。

「どれだけ父の話を聞いても、実際に何が起こっているかは、まったく想像できませんでした。『家がない』『将太朗が見つからない』と言われても、『暗くて見えないだけじゃないの？』と。『土砂が流れる』と言われても、足首ぐらいの土砂しか想像できなかったので、家が流されたり、人が持っていかれたりするイメージと結びつけることができなかったんです」

将太朗さんと電話がつながらなくなったことも「スマホを落として、壊してしまっただけ」と考え、「電話はつながらないけど、きっとどこかで何とかしているはず」と信じて疑わなかった。

翌朝、5時頃に起きた植木さんは「様子を見に行こう」と知人と一緒に県道を歩いていった。だが、しばらく行くと、自衛隊や消防から「この先は危険だから」と止められてしまう。熊野町の方からならば行けるかもと、広島熊野道路を車で行ってみたが、そちらからも入れなかった。ただ、料金所のあたりに自衛隊か消防の活動拠点ができていたため、情報収集をすることはできた。

変わり果てた団地

植木さんが知人とともに徒歩で団地に向かっていた7日早朝、神原さんは夜明けの薄明かりのなか、はじめて被害の全貌を目の当たりにすることになる。神原さんの自宅の北側一帯には巨大な岩がいくつも散乱し、土砂と家のがれきと倒木がごちゃ混ぜになってあたり一面を覆いつくしていた。目を疑うような壮絶な光景だった。

がれきや倒木の間を縫うようにして、娘の家があった場所に近づけるところまで近づき、孫の名前を大声で何度も呼んだ。しかし、返事はなかった。

そうこうしているうちに自衛隊や消防の先遣隊がやってきた。神原さんは隣家のCさんの娘のことを伝え、救助をお願いする。幸い、Cさんの娘は潰れた家屋の下敷きになっていたものの生きており、救出された。

凄惨を極める災害の現場では、レスキューのプロではない自分にできることはかぎられている。むしろ、できることはほとんどなかった。それでも「自分で探せるところは探そう」と、かろうじて歩けるところを辿りながら、将太朗さんを探し続けた。

「富士子の家からわしの家に向かう途中で流されたのであれば、どこかの家の間に挟まって動けなくなっているかもしれない。そう思って、家と家の間をのぞいてみたり、わしの家のまわりをぐるぐる歩きまわったりしながら必死に探し続けたんです。けれど、孫の姿を見つけることはできませんでした」

将太朗さんの消息を知るための手がかりが何もないまま、ただ時間だけが過ぎていった。15時頃、消防隊員から「残っている住民は全員避難してください」と指示を受ける。団地には車両が入れなかったため、歩いて県道に出て、広島熊野道路の料金所まで向かった。そして、そこに待機していた車両に乗り込んで避難所へと移動したのだった。

翌8日には、植木さんも団地に入ることができた。

はじめて目にする被災した団地の姿に、彼女は言葉を失った。それまでは、父から「将太朗が見つからない」と言われても、「どこかで何とかしているはず」「息子はきっと大丈夫だ」と信じ続けていた。しかし、変わり果てた自宅周辺の様子を目の当たりにした瞬間、「息子は土砂に流された」という受け入れがたい現実を突きつけられた。

「今自分が立っている足元に息子が埋まっているかもしれない。そんな考えも一瞬、頭をよぎるぐらい、ぐちゃぐちゃで何もわからない状態でした」

その日以降、植木さんは自ら将太朗さんの捜索をはじめた。警察官や消防、自衛隊はもちろん、近隣の住民や将太朗さんが通っていた高校の教員、同級生もボランティアで加わった。SNSでの呼びかけによって、高校生らが1日100人以上駆け付けてくれた日もあった。

そうした必死の捜索の末、流された自宅近くの土砂の中から将太朗さんが発見されたのは7月16日、災害発生から10日後のことだった。

＊＊＊

「息子が死んだことを、受け入れられない、納得できないという気持ちは今もあるんです」

災害から半年以上が過ぎ、住まいはまだ、みなし仮設住宅のままだったが、植木さんは仕事に復帰していた。少しずつ日常を取り戻しつつあるものの、その心に刻まれた悲しみは依然として深い。

「息子をひとりで死なせてしまったと思うと、今でもつらくなります。私が早く帰っていればば……。夕方、娘に電話した直後に息子にも電話をしていれば……。そうすれば何かが違っていたかもしれない。そんなことをふと考えてしまうんです」

犠牲者を弔う献花式などでは手を合わせることはあるが、そうした公式な場以外では手を合わせていない。スマホに入っている写真も見られず、遺影もしまったままにしている。

「これまで私はわりと能天気に図太く生きてきたんです。悩み事があったとしても、子供が2人いたので、悩んだりする暇もなく、さっさと忘れて、いつもクリーンな気分で過ごしていました。今も頭から膝ぐらいまではクリーンに戻ってきている感じはしています。でも、膝から下はドブに埋まって、上手く身動きがとれない。そんな感覚なんです」

それでも、悲しみの淵に沈み込まず、日々を過ごせているのは、息子のおかげだという。

「災害があってしばらくは、人から『頑張れ』と言われるのが嫌だったし、人に言うのも嫌だった。これまで頑張って生きてきた結果がこれだと思うと、腹が立ったからです。でも、あるときふと、もし私が社会復帰できずに、寝込んだり、沈み込んだりしていたら、息子は

被災後の梅河団地。堆積した土砂を消防隊員がシャベルで取り除く

土砂崩れで流された家に入るため、手作業でがれきを運び出す

きっと嫌だろうな、悲しむだろうな、と。だから、なんとか頑張って生きていかないと、と最近になってやっと思えるようになってきたんです」

悲しみは、どれだけ時間が経っても癒えることはないのかもしれない。それでも植木さんは前を向いて懸命に生きようとしていた。

第2章

人はなぜ逃げ遅れるのか

生活圏が危険地帯へと変貌する

これまで私は、自身の登山経験をベースに、山で起こる遭難事故についてもたびたび取材や調査を行なって、雑誌の記事や書籍を執筆してきた。

山での遭難事故にはさまざまな原因があるが、そのひとつに大雨や落雷、寒さや強風などの気象現象が原因となって起こる「気象遭難」がある。

ひとたび自然が猛威を振るえば、人に成す術はない――これは山に関する取材をしていて、常に思い知らされる〝絶対的な事実〟だ。どれだけ経験豊富な登山者でも、苛烈な風雪や寒さ、大雨による洪水などに遭遇したら、生き残ることは困難である。

気象遭難を回避するには、山に入る前に気象情報を収集し、もし悪天候の可能性が高ければ、山行を中止するか、あるいはルートを変更する。また、山中で悪天候に遭遇したら、無理な行動は控えて、早めに山を下りるか、少しでも安全な場所（山小屋、テントなど）で待機する。「危険地帯に入らない」という判断・行動をすることで、自分の身を守ることができるのである。

豪雨災害をテーマとする本書において、なぜ気象遭難の話をしたかといえば、両者を比較することで、豪雨災害の特質をより理解してもらえると考えたからだ。

気象遭難は「危険地帯に入らない」ことで回避できる。しかし、豪雨災害はそうではない。台風や前線の影響によって、ある日突然、自分が暮らす地域に猛烈な雨が降り、河川の氾濫や浸水害、土砂災害が発生する。つまり、自分や家族が日々生活する場所、安全だと思っている生活圏が、危険地帯へと変貌してしまうのだ。そこには「危険地帯に入る／入らない」という選択の余地はない。豪雨に見舞われた地域のすべての人が否応なく、荒れ狂う自然に晒されることになる。

もちろん、そうした事態を回避するため、これまで長年にわたって防災インフラが整備されてきた。堤防や砂防堰堤の建設、河川流路の付け替え、放水路の建設などがそれである。実際、そうした施策は成果を挙げており、１９５９（昭和34）年の伊勢湾台風以来、大規模な水害は起こっていない。

だが、序章でも述べたように、現状の水害対策が万全ではないことは、水害による死者・行方不明者数が必ずしも減少していないことからも明らかである。人間がどれだけ対策を講じても、自然は必ずそれを上回ってくる。

特に近年は、雨の降り方が「局地化」「集中化」「激甚化」しているといわれている。

気象庁の「全国アメダス 日降水量200ミリ以上の年間日数」（図2）を見ると、最近10年間（2009〜18）の平均年間日数（約232日）は、統計期間の最初の10年間（1976〜85）の平均年間日数（約160日）と比べて約1・5倍に増加している。

こうした激しい雨が、各地で毎年のように災害を引き起こしている。

西日本豪雨では、九州北部から四国、中国、近畿、東海地方にかけての多くの地点で観測史上1位の降水量を記録。特に48時間降水量で123地点、72時間降水量で119地点と、2日間から3日間にかけての降水量が記録的に多かった地域が広範囲に広がっていたことが、広域激甚災害につながった。

2017（平成29）年の「平成29年7月九州北部豪雨」では、福岡県朝倉市や大分県日田市で観測記録を更新する大雨となった。朝倉市の24時間降水量を見ると、これまでの最大量が293ミリだったのに対して、このときは545・5ミリと倍近くの雨が降ったことから、いかに激しく異常な降り方だったかを容易に想像できるだろう。

その5年前、2012（平成24）年の「平成24年7月九州北部豪雨」では、阿蘇地方で観測史上最多となる3時間で315ミリの降水量を記録して、各所で土砂災害が発生するとともに、矢部川では観測史上最高の水位となり堤防が決壊。広域にわたる浸水被害が発生して

図2　全国〔アメダス〕日降水量200mm以上の年間日数

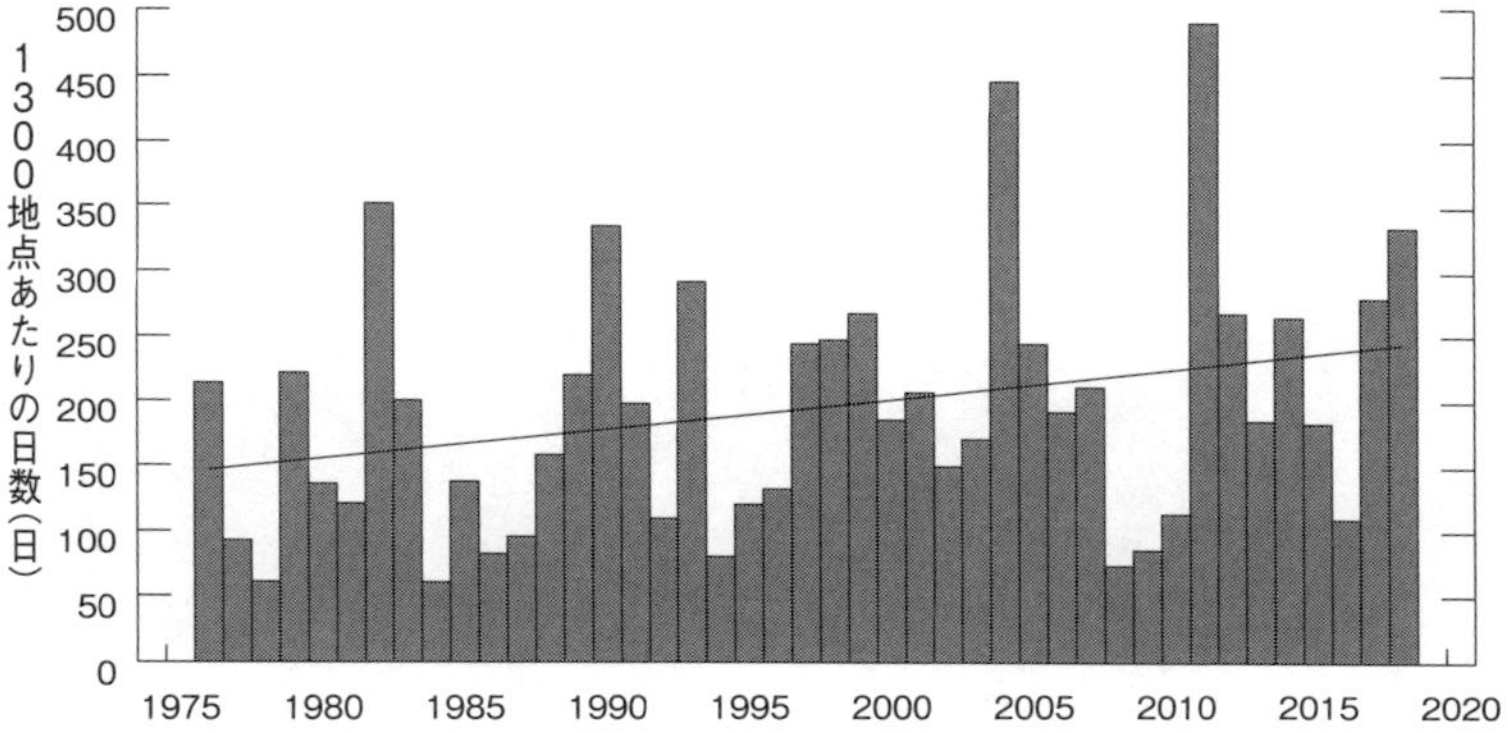

全国の日降水量200mm以上の年間日数の経年変化（1976～2018年）

棒グラフは各年の年間発生回数を示す（全国のアメダスによる観測値を1300地点あたりに換算した値）。直線は長期変化傾向（この期間の平均的な変化傾向）を示し、10年毎に23.2日増加している（気象庁ホームページより）

いる。

さらに、２０１１（平成23）年８月の台風12号（紀伊半島大水害）では、紀伊半島の一部で総雨量２０００ミリを超える大雨となり、熊野川では日本の河川での観測史上最大の流量を記録。山間部の各所で深層崩壊*が発生し、大災害となった。

局地豪雨のような激しい雨の回数が増えている要因について、防災科学技術研究所の三隅良平さんは次のように解説をする。

「一般的には日本のまわりの海水温

＊深層崩壊
山崩れ・崖崩れなどの斜面崩壊のうち、すべり面が表層崩壊よりも深部で発生し、表土層だけでなく深層の地盤までもが崩壊土塊となる、比較的規模の大きな崩壊現象をいう。きっかけは長時間の降雨や、地震などとされる。

の上昇が原因のひとつだと考えられています。海の温度が高ければ、それだけたくさんの水蒸気が大気中に蒸発し、それが激しい雨になって地上に降り注いでくるからです。ただ、局地豪雨にはまだまだわからないことが多く、メカニズムは十分に解明されていません。そのため、その正確な予測もまだ難しいのが現状です」

また、最近ニュースなどで喧伝される「台風の巨大化・大型化」に関しては、「気象庁の統計では、台風が大型化しているデータは出ていない」という。それでも「海水温の上昇に合わせて台風の勢力が強くなるのは、理論的には正しい。今後、これまでになかった大型台風が発生する可能性は十分にあり得ます」と警鐘を鳴らす。

国土交通省がまとめた『新たなステージに対応した防災・減災のあり方』（2015年1月）を読んでいたら、こんな一文があった。

「洪水等についても最大クラスの外力（大雨等）を想定して対策を進めることが必要である。しかしながら、そのような外力に対して施設によって守りきることは、財政的にも、社会環境・自然環境の面からも現実的ではない。（中略）施設では守りきれないことを認識して取り組む必要がある」

もはや国も、インフラ整備中心のハード面の対策だけでは「安全は保証できない」と宣言しているのだ。

では、記録的な豪雨に襲われて、自分の生活圏が「危険地帯」となったとき、どうすれば自分や家族の安全を守ることができるのか。もっとも基本的かつ確実な方法は、災害が発生する前、もしくは拡大する前に、少しでも安全な場所へ、できるだけ早く逃げることだ。

災害心理学*を専門とする広瀬弘忠さんも、避難の重要性を強調する。

「災害の原因となる集中豪雨や台風を抑止することはできないし、近年はそうした自然現象が激甚化の傾向にあります。また、予測技術が進歩しているとはいえ、完璧な予測はいまだ困難です。そうしたなかで旧来の発想、すなわち防災インフラの建設・強化といったハード面での対策だけでは対応しきれない事態も増えています。

災害発生時、第一に守らなければならないのが自分や家族の命であり、そのためにもっとも確かな方法が、すばやい避難なのです。仮に家や家財が流されてしまったとしても、避難をしていれば自分たちの命は守ることができます」

＊災害心理学
心理学のなかで応用心理学と呼ばれているもののひとつ。同じ応用心理学でも、教育心理学、産業心理学、犯罪心理学、臨床心理学などに比べると、最近の新しい研究部門。

だが今回、西日本豪雨に関する報道を調べ、被災地を取材するなかで痛感したのは、「適切なタイミングで逃げることの難しさ」である。

倉敷市真備町有井地区の特別養護老人ホーム「クレールエステート悠楽」の岸本さんは、高齢者を迅速に避難させることはできたものの、自分たち職員は逃げ遅れて、施設の屋上に取り残されてしまった。真備町川辺地区の松田さんと槙原さんは、一度は自宅を離れて避難行動をとったにもかかわらず、その後に浸水リスクがあった自宅へと戻っている。

大雨特別警報や避難勧告が発令されているのに、そもそも避難行動を起こさない人も多い。

避難率４・６％――これは西日本豪雨のあと、共同通信（２０１８年９月５日付）が岡山、広島、愛媛３県の17市町を取材して公表したデータである。このうちの７市に至っては、避難率１％未満だったという。この数値は「避難指示対象者のうち、避難所などに身を寄せた人」、すなわち「水平避難をした人」の割合であり、自宅２階などに「垂直避難をした人」は含まれていないと思われるが、それでも驚くべき低さである。

広島市の『平成30年７月豪雨災害における避難対策等の検証とその充実に向けた提言』（２０１８年12月。以下『検証会議 提言』）のアンケート調査でも、回答者のうち「避難した人」は22・１％、「避難しなかった人」は73・７％と、避難行動をとらなかった人が圧倒的多数を占めている。ちなみに、「避難した人」のうち、避難先としてもっとも多かったのが「自宅の上階」（34・2％）で、以下「親戚・知人宅」（25・8％）、「市が開設した避難場所」（20・5％）と続く。

適切なタイミングで避難することの難しさについて、広瀬さんは次のように解説する。

「避難行動は単純に見えて、さまざまな要素が複合的に関わっています。個々人の心理や行動特性、過去の経験、個人同士の相互作用、周辺の環境など複数の要因が関与して、避難行動が促進されたり、遅延したり、場合によっては停止します。状況に応じて適切に逃げることは、実は簡単ではないのです」

避難することが、自分や家族の身を守るための一番の方法であるにもかかわらず、なぜ人は逃げ遅れるのか。本章ではそのことを考えていきたい。

「情報」だけでは、人は動かない

一般に避難行動は、気象警報や避難勧告など「危険を知らせる情報の伝達」が起点となると考えられている。

2013年10月の伊豆大島の土砂災害（平成25年台風26号）や、2014年8月の広島土砂災害（平成26年8月豪雨）では、市町村からの避難勧告の発令が災害発生後であったために多くの住民が逃げ遅れ、被害が拡大したという指摘がなされた。「情報伝達の遅れ」が「逃げ遅れの原因」という見解である。

そのため広島市では、2015年以降、避難情報を発令するシステムを変更。市内各地を5キロ四方の領域（メッシュ）で区切り、土壌に含まれる水分量と今後の雨量をメッシュごとに予測し、土砂災害の危険度をコンピューターが自動的に判定する「土砂災害危険度情報（メッシュ情報）」を発令基準として明確化した。

この発令基準の見直しによって、早い段階で避難情報を出せるようになり、西日本豪雨のときには避難勧告や避難指示（緊急）は災害発生前に一定の余裕をもって発令されていた。

ところが、「情報伝達の遅れ」が改善されたにもかかわらず、前出の『検証会議 提言』のアンケート調査が示すように避難率は2割強にすぎず、市内で死者23人、行方不明者2人という人的被害が発生してしまった。

つまり、人は「情報」だけでは必ずしも避難行動を起こさないのである。

では、情報でなければ、いったい何が、人を避難行動へ駆り立てる強い動機となり得るのか。『検証会議 提言』では、避難行動を起こした人の「避難した理由」を検証し、次のように述べている。

「避難情報を前提として、それに加えて、災害の危険性を自らのこととして認識できる場合に、避難行動につながっている」

すなわち、災害に対する「危機感」「切迫感」「恐怖心」が情報とセットになれば、人は避難行動を起こす、というのである。アンケート調査でも、避難した人に「避難した理由」を尋ねたところ、もっとも多かった回答が「雨の降り方などで身の危険を感じたから」だった。

たしかに、長時間降り続く激しい雨や増水する河川を目の当たりにして、強い危機感や恐怖心を抱けば、人はおのずと避難行動をとるのかもしれない。その見解には一理ある。

しかしその一方で、西日本豪雨の被災者に話を聞いて見えてきたのは、「危機感や恐怖心を持てば、迅速な避難ができる」と簡単には言い切れない現実だ。

まず、危機感や恐怖心を抱いたときには、もはや避難行動の選択肢が狭まってしまっている場合が多いのではないか。

真備町有井地区のクレールエステート悠楽では、浸水がはじまった時点ではまだ職員の間に「すぐに避難しなければ」という危機感はなく、目の前の浸水への対応に終始していた。その後、玄関周辺にも水が溜まりはじめ、夜間であったことも影響して、施設長の岸本さんは屋上への垂直避難を決める。あとになって振り返れば、この時点ですでに水平避難という選択肢を失い、「逃げ遅れて」いたわけだが、岸本さんによれば「まだ気持ち的にはゆとりがあった」という。浸水の水位が屋上のすぐ下、5メートルぐらいまで上がり、「恐怖心が湧き上がってきた」ときには、屋上に孤立状態となり、そこに留まる以外に何もできない状況に追い込まれていた。

危機感や恐怖心という感情はあくまで主観的なもので、仮に災害につながりそうな異変を目の当たりにしても、そのときに抱く危機感や恐怖心にかなりの個人差があることも、迅速な避難を難しくしている。

たとえば、真備町川辺地区の松田さんや槙原さんは、増水した川の水が堤防を越えて道路が冠水している〝異常な様子〟をその場に居合わせて自分の目で見ている。にもかかわらず、槙原さんは夜中のうちに、松田さんは翌朝に、浸水するかもしれない自宅へと戻った。槙原さんは「危ないところにいる実感がなかった」と語っている。

迅速な避難行動に、危機感や恐怖心が必要なことは理解できる。しかし、行動の動機となる危機感や恐怖心を、いざというときに人はなかなか抱くことができないのだ。

人は、仮に危険に直面していたとしても、それをすぐには実感できない――このことは、私が取材した一部の被災者にかぎった話でなく、広瀬さんによれば「人間、特に安全に慣れてしまっている現代人に共通する傾向」だという。そして、そうした傾向に影響を与えているのが、「正常性バイアス」や「同調性バイアス」といった心理的な要因である。

正常性バイアスとは何か

「正常性バイアス」について、広瀬さんは著書『人はなぜ逃げおくれるのか　災害の心理学』（集英社新書）の中でこう解説している。

「私たちの心は、予期せぬ異常や危険に対して、ある程度、鈍感にできているのだ。日常の生活をしていて、つねに移りゆく外界のささいな変化にいちいち反応していたら、神経が疲れ果ててしまう。（中略）そのようなわけで心は、〝遊び〟をもつことで、エネルギーのロスと過度な緊張におちいる危険を防いでいる。ある範囲までの異常は、異常だと感じずに、正常の範囲内のものとして処理するようになっているのである。このような心のメカニズムを、〝正常性バイアス〟という」

正常性バイアス自体は決してネガティブな心理作用ではなく、むしろ人間が健全に生きる上で不可欠なものだ。ただ、それが過度に働いてしまうと、身に迫る危険を「危険」としてとらえることが妨げられて、危険を回避する機会が奪われてしまう。

「水が来ても逃げない。避難することが最優先なのに、家財が心配だと上階へ運んだりする。こうした行動の根底には、『自分は大丈夫』『水はまだ来ない』『浸水したとしても大したことはないはずだ』という心理、まさに正常性バイアスが常に関与しています」（広瀬さん）

岡山県がまとめた『平成30年7月豪雨災害での対応行動に関するアンケート　調査報告書』（２０１９年3月）の中に興味深いデータがあった。

「災害発生前」「大雨特別警報を認識したあと」「避難指示（緊急）を認識したあと」のそれ

ぞれの時点で、水害発生の可能性についてどれだけ予見をしていたか、という質問に対する回答である。以下に真備町地区の住民の統計を抜粋する（図3）。

まず、災害発生前、水害が「近いうちに起きそうだと思っていた」は8・9％、「ここ10年くらいの間に起きそうだと思っていた」は5・8％とともに1割以下で、もっとも多い62・1％の人が「被害を受けるような災害はたぶん起きないだろうと思っていた」と回答している。

次に「大雨特別警報」の発令を認識したあと、「大雨から災害が発生することを想起し、床上浸水もありうると考えた」という人はわずか9・5％で、もっとも多かった回答が「大雨がもっと降ると思ったが、災害発生までは考えなかった」（44・3％）、次いで「大雨から災害が発生することを想起したが、床下浸水程度だと思った」（26・5％）と続いている。

さらに「避難指示（緊急）」の発令を認識したあとも、「大雨から災害が発生することを想起し、床上浸水もありうると考えた」という人は16・2％と多少は増えたものの、依然半数以上を占めたのは状況を過小評価する人、すなわち「大雨がもっと降ると思ったが、災害発生までは考えなかった」（36・3％）、「大雨から災害が発生することを想起したが、床下浸水程度だと思った」（27・3％）という人であった。

大雨特別警報や避難指示（緊急）は、ともに「すでに災害が発生していてもおかしくない状況」で発令される警戒・指示情報である。本来であれば、このどちらかが発令される前に避難行動をとっておかなければならない。にもかかわらず、6~7割の住民は危険や異常をほとんど認識せず、災害前と同様に「災害は起こらない」あるいは「起こったとしても大したことないだろう」と考えていたというのだ。

そうした意識は、避難指示(緊急)後の行動にも現れている。

避難指示(緊急)を聞いたあと、「何も具体的な行動を起こさなかった人」は28・2%。また、行動を起こしたとしても、すぐ避難行動に移るのではなく、43・5%の人が「テレビ等をつけっぱなしにして情報収集した」という。つまりは様子見であり、その行動からは危機感や切迫感は伝わってこない。

広島市の『検証会議 提言』のアンケート調査でも、避難しなかった人の理由でもっとも多かったのが「被害にあうと思わなかったから」という回答だった。「今まで自分の居住地域が災害にあったことがなかったから」という回答も上位に入っている。どちらも「自分(の地域)は大丈夫」と考える典型的な正常性バイアスである。

「雨の降り方や川の水位から安全と判断したから」という回答数も上位を占めていた。これは一見すると「収集した情報や周囲の状況から、自ら避難の要否を判断している」というポ

図３　水害に対する予見の変化

（岡山県の調査報告書から真備町地区のアンケート結果を抜粋して作成）

問１「あなたのお住まいの地域が洪水・浸水などの水害によって避難しなければならない事態になる」と災害発生前から思っていましたか？

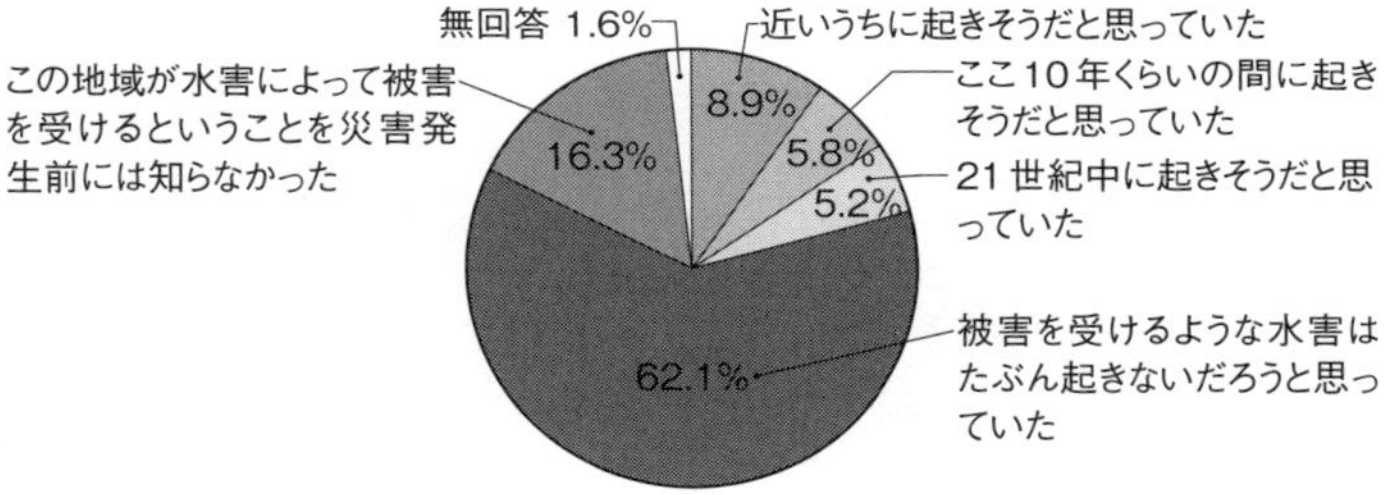

問２「大雨特別警報」の情報を聞いて、あなたは「水害が発生するかもしれない」と思いましたか？

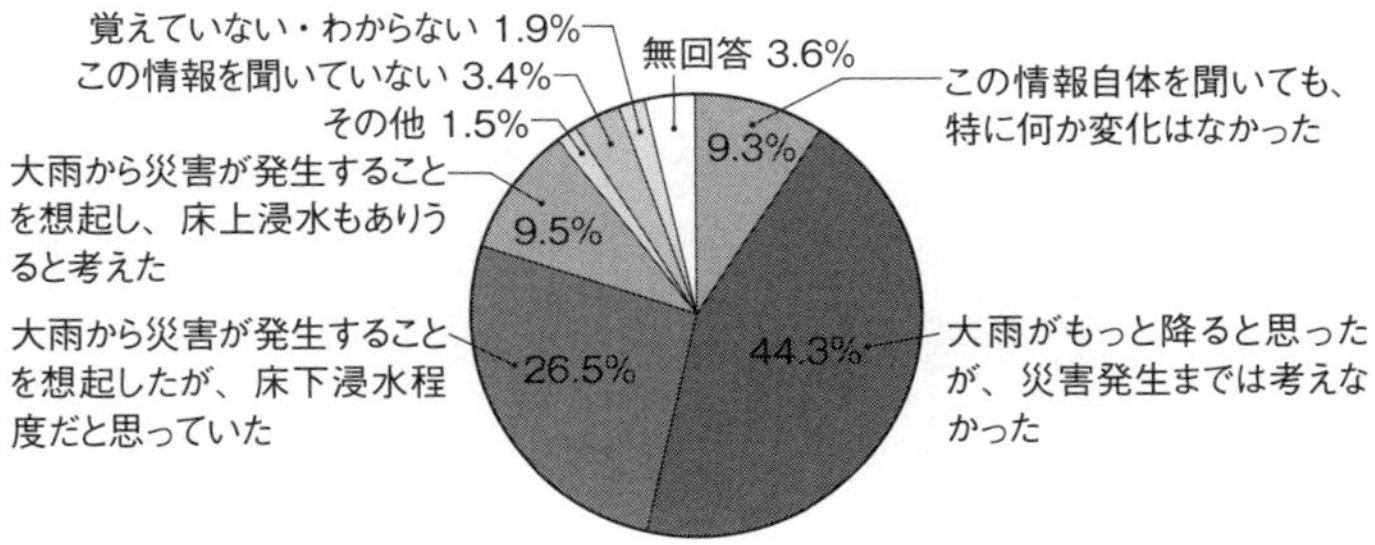

問３「避難指示（緊急）」の情報を聞いて、あなたは「水害が発生するかもしれない」と思いましたか？

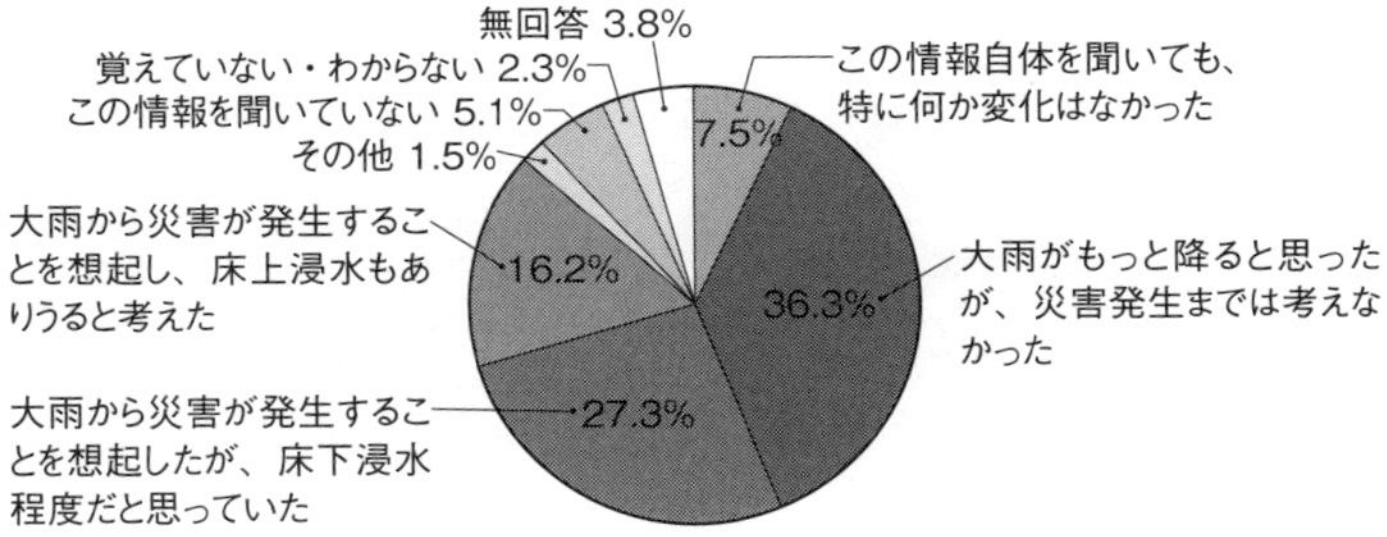

ジティブな対応に思えなくもないが、判断を下す際に正常性バイアスのフィルターがかかっている可能性、すなわち状況を実際よりも過小評価して「安全」「大丈夫」と判断してしまっている場合も少なからず含まれているだろう。

防災のために「過去の災害の記録を学ばなければならない」という話をよく聞く。実際、自分の暮らす地域で過去にどんな災害があったかを知れば、災害に対する心構えを持てるし、どんな防災対策を行なっておけばいいのかを考える参考にもなる。ただ、過去の記録や経験が、かえって正常性バイアスを引き起こす誘因となることもある。

真備町川辺地区の松田美津枝さんのご主人は、松田さんから「避難しよう」と言われたとき、1976（昭和51）年の水害を引き合いに出して、「そのときは10センチぐらいの浸水だった」「今回も水が来てもせいぜい50センチぐらいだから大丈夫」と家に残っている。ハザードマップでは「最大5メートル以上浸水する」とされている地域に住んでいながら「せいぜい50センチぐらい」と考えてしまったのは、過去の経験が正常性バイアスを引き起こしたからにほかならない。

さらに、正常性バイアスが影響するのは、災害発生時の判断や行動だけではない。

第1章で述べたように、真備町有井地区のクレールエステート悠楽では、いざというときに備えて独自の災害対策マニュアルを作っていたが、実際に災害に遭ってみて、それが「絵に描いた餅」であったことを思い知らされたという。

川辺地区のまちづくり推進協議会では、松田さんが音頭をとって防災研修会や避難訓練を実施していたが、役員同士の足並みが揃わずに実施回数が減っていった。別の地域では、地区の緊急時連絡網を作っていたが、固定電話の番号しか記載がなく、災害が発生して地区全体が停電したためにまったく機能しなかった。

訓練回数の減少や、実効性のない形だけのマニュアル作成や訓練の実施。こうしたことも「自分たちの地域では、どうせ災害は起こらない」という正常性バイアスが人びとの意識に深く浸透している証左だろう。

インフラへの過信

インフラへの過信も、正常性バイアスのひとつである。

近年の激甚化する豪雨災害に対して、堤防や砂防堰堤などの防災インフラが絶対の安全を保証していないことは本章の冒頭で述べたとおりだ。

実際、西日本豪雨でも、治山堰堤や砂防堰堤が土石流を食い止めて被害を防いだ一方で、広島県坂町や東広島市では堰堤が損壊し、土石流が下流へ流れ下った事例が報告されている。

国土交通省の『平成30年7月豪雨における土砂災害の被害実態（平成30年10月31日）』には、広島県と愛媛県で人的被害が発生した33渓流のうち、30渓流では砂防設備がなく、砂防設備があったのは3渓流だけだった、という統計が出ている。この数字を見ると、多くの人は「砂防設備がない＝危険」と思い込んでしまうかもしれないが、注目すべきは、わずか3カ所とはいえ砂防設備があった渓流で人的被害が発生している事実の方である。

砂防設備があれば、ほとんどの土石流は食い止められる。だが、１００％すべてではない。それでも、多くの人は「堰堤があれば大丈夫」と思ってしまうのだ。

第１章で取り上げた広島市安芸区矢野東の梅河団地では、災害発生のおよそ5カ月前、２０１８年2月に完成したばかりの治山堰堤を乗り越えて、土石流が団地を襲った。

災害後、新聞などの取材に対して団地の住民たちは口々に「ダムができて安心してしまった」と語っている。それは、堰堤の必要性を10年以上にわたって市に訴え続けていた神原常雄さんも同じだった。

神原さんが堰堤建設を行政に働きかけるきっかけとなったのは、1999年6月に広島県内で32人の死者・行方不明者を出した「平成11年6月豪雨」だった。被災した広島市佐伯区五日市町に知人の工場があり、そこに土砂が流れ込んで犠牲者が出たのだ。

現地の凄惨な被災状況を見た神原さんは「自然はえげつないな」と思い知らされ、同時に「うちの団地でも同じようなことが起こるかもしれん」と危機感を抱いたという。

「団地の端、山の斜面に接したところに深さ2メートルほどの溜め池があって、昔そこで鯉を飼っていたんです。その池が、雨が降るたびに少しずつ浅くなり、三十数年で埋まってしまった。埋まるということは、山の斜面が崩れて、砂が流れている証拠です。このまま放置しておくのは危ない。そう考えて、『池の砂を掘り出してほしい』ということから行政への働きかけをはじめたんです」

神原さんは当初、五日市町の災害を〝対岸の火事〟で終わらせず、自分たちの地域の課題として認識し、行動を起こしている。それは正常性バイアスの対極にある合理的・客観的な態度だといっていいだろう。

だが、砂の掘り起こしが水路の整備、そして堰堤の建設と発展し、2018年2月に幅26メートル、高さ8メートルの治山堰堤が完成すると「安心してしまった」という。

「五日市町の被害を見て危機感は持ったが、実際問題として、ここの団地に四十数年住んでいて、一度も大きな災害はなかった。なかったところにさらにダムを造ってもらったわけだから、わしとしては『もうこれで大丈夫』と思ってしまったわけですよ」

着工直前に開かれた説明会では、県や市の職員は繰り返し「これで安心できるわけではありません。何かあったら必ず逃げてください」と訴えていたそうだ。しかし、その警告は届かず、住民の多くは西日本豪雨のとき、「ダムがあるから」と安心したまま、逃げなかった。

神原さんをはじめ住民たちが、堰堤ができたことで安心してしまった気持ちは理解できる。自分が彼らと同じ立場であったら、きっと同じように安心感を抱いていただろう。神原さんが言うように、一度も災害が起こっていなかったところにさらに大きな堰堤ができて、なおも危機感を持ち続けるのは正直難しいと思う。

だが、そうした人間側の思惑や心情を上回ってくるのが、近年の豪雨災害なのだ。

インフラを信頼し過ぎるあまり「この地域はもう安全だ」「災害は起こらない」と思い込んでしまうのは、やはり正常性バイアスの罠にはまっているといわざるを得ないのである。

プラスにもマイナスにもなる、同調性バイアス

『検証会議 提言』のアンケート調査の「避難しなかった理由」には、ほかに「近所の人は誰も避難していなかったから」という回答も高い割合を示していた。

他人と違う行動はとりたくない。目立った行動はしたくない。人にはそうした心理的な性質も備わっており、それを「同調性バイアス」と呼ぶ。

同調性バイアスによって被害が拡大した典型的な事例として、2003年2月に韓国の地下鉄で起こった火災事故がよく挙げられる。

6両編成の1079号が大邱市の中央路駅に停車したとき、ひとりの男性が突如として、容器に入った引火性の液体に着火。その火は座席シートに燃え移り、瞬く間に車両内は激しい炎と黒煙に包まれた。火災はほかの車両にも広がり、乗客たちは悲鳴を上げながら列車から飛び出し、駅の階段へと殺到していった。

火災発生から3分後、駅の反対ホームに同じく6両編成の1080号が入ってきて、停車した。すでに炎に包まれていた1079号に並んだ1080号にも火は燃え移っていく。そのとき、1080号の乗客たちはどうしたか。驚くべきことに、大部分の乗客は煙が充満し

つつあった車内にそのまま留まったのである。それは車内放送で乗務員から「小さな事故が発生したので、車内で少しお待ちください」とアナウンスがあったことと、同調性バイアスによって「ほかの人たちも逃げていないし、まだ大丈夫だろう」「次の放送があるまで待とう」という集団心理に陥ってしまったためだといわれている。

逃げ遅れた乗客たちは、煙とその後にやってきた猛火の犠牲となる。確認されただけでも死者はおよそ200人に上り、亡くなった人の多くは1080号の乗客たちだった。まさに同調性バイアスが引き起こした悲劇といえる。

ただ、この同調性バイアスは、避難行動を起こさない要因になる一方で、避難を促す働きもする。

東日本大震災のときの岩手県釜石市内の子供たちの行動がそれに当たる。

地震発生直後、釜石東中学校では、ある先生が「逃げろ！」と叫んだのを聞いて、まずサッカー部員の生徒たちが逃げ出した。彼らは自分たちが逃げるだけではなく、校舎に向かって「津波が来るぞ！　逃げるぞ！」と大声で呼びかけ、さらに避難途中で別の小学校の校庭を横切るとき、小学校の校舎にも「津波が来るぞ！」と声をかけていった。

そのとき、小学校では校舎の上階への垂直避難をしている最中だったが、日頃、一緒に避難訓練をしている中学生たちが全力で逃げている姿を見て、すぐに小学生たちもその列に加わった。また、学校の近所に住んでいる住民たちも、子供たちが列をなして逃げている姿を見て、それに引き込まれるように一緒に逃げはじめた。

あらかじめ決めておいた避難場所に着くと、建物の裏の崖が崩れかけていた。それに気づいたある中学生が、先生に「ここも危ない。津波も来るかもしれないから、もっと高いところに行こう」と言うと、ほかの子供たちも「行こう、行こう」と同調する。それでみんな一緒に、さらに高台にある施設まで再移動をはじめたのだった。

その後、町は津波にのみ込まれ、小学校も1回目の避難場所も大きな被害を受けた。もしそれらの場所に留まっていれば、きっと助からなかっただろう。小学生や近所の住民たちは、中学生の避難行動に同調して、より遠く、より高い場所へと逃げたおかげで辛くも助かったのだ。

西日本豪雨でも、『検証会議 提言』の「避難した理由」を見ると、「家族に避難を勧められたから」「近所の人や消防団員などに避難を勧められたから」が上位に来ている。家族や近所の人が避難するのであれば、自分も彼らと同じ行動をしようと同調し、避難行動を起こしているのだ。

声かけ避難も万能ではない

『検証会議 提言』では、そうしたアンケート結果を受けて、避難行動に関する提言のひとつとして「声かけ避難の推進に向けた取組の検討」を挙げている。

「家族による声かけをさらに推進することに加え、自主防災組織の会長や市が養成した防災リーダー（防災士等）が中心となって、避難の際に、地域の緊急連絡網やメールシステムの活用も含め、周囲の方に声かけを行うことを推進すべきである」

前述の広瀬弘忠さんも、「significant others（重要な他者）」という心理学用語を挙げ、「声かけ避難には一定の有効性がある」と語る。

「significant othersとは、その人の考え方や行動に重要な影響を及ぼす人を指し、家族、友人、隣近所の人、恩師などsignificant othersとなる対象はさまざまです。人間は社会的な動物なので、自分では動けないときでも、他者からの呼びかけがあると動いたり、他者と同じように行動しようとする意識が働きます。

災害時も、『自分は大丈夫』と思い込んでいる人や、避難しようか迷っている人に対して、significant others に当たる人が『逃げた方がいいよ』と呼びかけることで、避難行動を起こすきっかけになる可能性は高いのです」

広瀬さんの話は、真備町川辺地区の槙原さん家族の避難行動に当てはまる。

槙原さんの夫は一貫して「2階で寝れば大丈夫」と考えていたようだが、娘や妻から「避難しようよ」と言われ、自宅を出て水平避難を行なっている。また、「2階で大丈夫」という夫に対して、槙原さんが再三「避難所に行こう」「逃げておこう」と主張できたのは、significant others のひとりである娘が避難したがっていることが多分に影響していたはずだ。

ただ、他者からの呼びかけや声かけがあれば、人は正常性バイアスの罠から抜け出せるかといえば、やはり絶対とは言い難い面がある。

広島県坂町小屋浦地区で亡くなった70代の老夫婦は、土石流が自宅を押し流す前、心配して電話をかけてきた息子に対して「川の水は半分やけん、大丈夫」と応じ、避難しなかった。

前述したように、真備町川辺地区の松田さんの夫は、松田さんからの「避難しよう」という提案に対して、「家が心配だから」と自宅に留まっている。妻の呼びかけよりも、過去の経験に基づく正常性バイアスの方が強く影響したためだ。

＊　＊　＊

われわれは普段「自分の身に危険が迫れば、きっと逃げられるはずだ」と当たり前のように信じている。だが、現実には、仮に危険が迫っていたとしても、それを実感できず、逃げることもできない。

「災害心理学の観点からすると、人間はなかなか動こうとしない動物なのです」

広瀬さんのこの言葉は、西日本豪雨の被災地の取材で見聞きしたことと符合する。

迅速かつ適切な避難はむしろレアケースであり、逃げ遅れることの方が当たり前なのだ。人は本質的に逃げない――災害時のよりよい避難、すなわち自分や家族の命を守る術を見いだすには、まずはこのことを理解し、出発点としなければならない。

第3章

生き延びるためにすべきこと

避難行動の4つの指針

人間は、自分の身に危険が迫っていたとしても、正常性バイアスによってすぐにはそれを実感できず、逃げ遅れてしまう。そんな性質を抱えながら、われわれは自分や家族の命を守るため、どうすれば適切に避難行動を起こせるようになるのか。

被災地や行政の人びと、専門家に取材を重ねるなかで、もっとも可能性を感じたのは、防災科学技術研究所の三隅良平さんの話だった。

気象災害について長年研究してきた立場から、三隅さんは「科学技術の進歩によって気象予測の精度は向上しているが、それでも災害の予測は極めて難しい」と話す。予測困難な災害に対し、人はどのように向き合い、判断や行動をすればいいのか。

その指針として三隅さんが挙げたのは、以下の4つだ。

【1】自分が暮らす地域の過去の災害歴や地理的な特徴を知る
【2】避難行動を起こす自分なりのルール、避難の方法をあらかじめ決めておく
【3】大雨や台風のときには、自分から情報を取りに行く

【4】あらかじめ決めたルール・方法に基づき、避難行動を起こす

まず【1】について。三隅さんによれば、「その地域で過去に起こった自然災害は、いつかまた必ず起こるもの」という。それゆえ、過去の災害歴を調べることは、自分が暮らす地域・土地のリスクを知ることに直結する。

「過去の災害の記録は、図書館の地方史コーナーなどで調べられます。調べてみると、思いもよらない災害が起こっていることを発見できるかもしれません。地理的な特徴の把握には、自治体が作成し公開しているハザードマップが有効です。自分の居住地域のリスク、たとえば洪水の可能性があるのか、土砂災害の警戒区域なのか、ひと目でわかります」

続く【2】は、【1】で得た知識に基づいて、いざというときの判断基準や行動方針を決める。大事なことは、「自分の（家族や地区の）ルール・方法」に落とし込むことだ。

「一口に避難といっても、住んでいる場所や住宅の状況によって、その方法やタイミングはさまざまです。たとえば、川の堤防近くに住んでいるのであれば、河川の氾濫時に家ごと流されてしまうかもしれないので、氾濫の危険があるときはすぐに避難する必要があります。一方、河川から離れた場所で、想定される浸水深があまり深くない場合には、大雨のなかで

無理に水平避難するよりも、自宅の上階に垂直避難した方が安全なこともあります。避難の方法は一律に決められるものではないのです」

平時にしておくことはこの2点だ。そして、豪雨が予測される、または、いざ豪雨に見舞われたときには【3】と【4】を実行する。

「自分で決めたルールに基づき、何らかの行動を起こす判断を下すには、判断や行動の根拠が必要です。その根拠を得るために、行政から情報が下りてくるのを待つのではなく、自分から情報を取りに行く意識が必要です。今はスマホのアプリを使えば、リアルタイムの気象情報が簡単に見られるので、積極的に活用するといいと思います」

ちなみに、どんなアプリやサイトがおすすめか尋ねたところ、三隅さんがよく見ているのは「XRAIN（エックスレイン）」という、国土交通省が運用する雨量観測システムのサイトだった。ただ、XRAINがほかに比べて特別に優れているわけではなく、「自分にとって使いやすく、欲しい情報が手に入るから」という理由で主に使っているそうだ。

「大事なのは、判断を下すための根拠となる情報がリアルタイムで得られるサイトやアプリであることと、そのサイトやアプリを日頃から見慣れておくことだと思います。天気は日々の生活にも密接に関わっているので、『今日は傘を持っていこうか』『洗濯物は干せるかな?』というときに、お気に入りの気象サイトを見る習慣を身に付けておけば、いざというときにもすぐに開いて、必要な情報を入手できるのではないでしょうか」

一般の人でも使いやすい気象サイトやアプリとしては、雨雲の動きをリアルタイムでチェックできる「雨雲レーダー」や、60分先までの降水強度分布予測を連続的に表示する気象庁の「高解像度降水ナウキャスト」がある。

私が三隅さんの話に共感し、可能性を感じられたのは、現場での危機感や切迫感といった正常性バイアスに影響されやすい曖昧な感情や感覚ではなく、平時の冷静な頭で考えた自分なりのルールを、避難行動を起こすかどうかの基準としているからだ。

実際、自分のルールに基づく判断で迅速な避難行動をとることができた被災者に話を聞くこともできた。真備町川辺地区の兼信陽二さん（65）である。

真備町川辺地区・兼信陽二さんの避難行動

兼信さんのことを知ったのは、同地区の松田美枝子さんへの取材を通じてだった。

自分自身の避難行動に対する反省や後悔について話をしてくれたあと、「ちょっと余談になりますが……」と、松田さんと一緒に地域の防災活動に取り組み、あの日もいち早く避難していたという男性の存在について教えてくれた。それが兼信さんだった。

兼信さんが川辺地区の防災活動に関わるようになったのは、2011年のこと。前年に町内会の会長となって、まちづくり推進協議会に参加し、翌年から松田さんが音頭をとってはじめた防災研修会や避難訓練の手伝いもするようになったのだ。

ただ、第2章でも述べたように、協議会内の趨勢としては防災に対して消極的で、「会として活発にやっていこうという雰囲気ではなかった」と兼信さんは振り返る。さらに、自分自身の中にも釈然としない気持ちを抱えていた。

「川辺地区では過去に大きな水害が起こっているので、地区外への避難が重要なことは頭ではわかっていました。でも、いざ大雨が降って避難準備情報などが発令されても、『まあ、大丈夫だろう』と安心しきっている自分がいるわけです。研修会でも『近所の人に声をかけて逃げましょう』という話がたびたび出るのですが、自分の町内を思うと『防災に関心がない彼らに声をかけても相手にされないんじゃないか』と考えてしまう。そんなもやもやした想いがずっとあったんです」

転機になったのは、2015年の防災研修会だった。

「その研修会で、釜石市の津波に関する石碑のひとつに刻まれた、地元の中学生の言葉を教えてもらったんです。それは『100回逃げて、100回来なくても、101回目も必ず逃げて！』というもので、この言葉を聞いたとき『これだ！』と腑に落ちたんです。避難をした結果、空振りだったとしてもいい。大事なのは、まずは逃げることなんだと、素直に思えるようになりました」

逃げるためには、判断の基準を明確にしておこうと、ひとつには「避難勧告が発令されたら必ず逃げる」と決めた。また、倉敷市の洪水・土砂災害ハザードマップでは、高梁川の堤防が決壊して浸水被害が発生する雨量として「2日間で248ミリの降雨」を想定していたので、48時間降水量も避難行動に移る判断基準とした。

ハザードマップには、2日間で248ミリという雨量は「150年に1回程度の確率」とも書いてあったので、兼信さんの中には「そこまで降ることは、まずないだろう」という想いもあった。

だが、その150年に1回が現実になる。

7月6日夜、家の外では激しい雨が降り続いていた。兼信さんは翌日に京都へ行く予定があったのだが、大雨の影響でキャンセルになり、「天気の動向を気にする気持ちが自然とできていた」という。

そんな状況のなかでテレビのニュースを見ていたら、「真備町地区全域に避難勧告が発令」という情報が飛び込んできた。「2日間の累加雨量が300ミリを超える恐れもある」との予測も出ている。それを見た瞬間、兼信さんは迷いなく「すぐに避難しよう」と考えた。

避難する旨を妻に伝えたら、はじめは「えー」と反対された。2階の自分の部屋にいた息子も「僕は行かないよ」と、やんわりと同行を拒否した。しかし、兼信さんは、まずは妻を説得し、次いで「母さんは夜、車を運転しないから、代わりにお前が運転してくれ」と息子も説き伏せた。避難勧告の発令が22時で、家族3人揃って車に乗って家を出たのが22時30分頃だったと記憶している。

向かった先は、避難場所としてあらかじめ決めておいた、倉敷市南部の玉島乙島にある妻の実家だった。そこへと至る道のりも、冠水の恐れのある道路をできるだけ避けて進んだ。

小田川を渡るときは箭田地区に架かる箭田橋を通過した。箭田橋付近ではのちに、小田川に合流する高馬川の越水および堤防の決壊が発生しており、「自宅で避難を躊躇していたら、巻き込まれていたかもしれない」と兼信さんは述懐する。

＊＊＊＊

兼信さんの話でもっとも印象的だったのは、私が「避難をするとき、身の危険を感じたか」と質問したときの答えだった。避難を決断した際でも、「身の危険はまったく感じていなかった」というのだ。

「雨はかなり降っていましたが、危険を感じるほどではありませんでした。どこかの堤防が決壊するとも思っていませんでした。逃げてはいるものの、危機感や切迫感はまったくといっていいほどなかったですね。女房と息子に至っては半信半疑……いや、半信すらなかったかもしれません」

その言葉から見えてくるのは、人は危険を感じなくても、あらかじめ行動のルールを決めておけば、システマティックに避難することができる事実である。

兼信さんの行動や意思決定のプロセスは、正常性バイアスの罠を回避して、逃げ遅れを防ぐひとつの有効な手段となり得るのではないか。私にはそう感じられた。

その避難経路・避難場所は安全か

兼信さんは避難中に河川の越水や堤防の決壊に遭遇することを辛くも免れているが、自宅を離れて水平避難をする場合、いつ、どのタイミングで、どういうルートで避難するかは極めて難しい問題である。

実際、避難行動中に被災する事例は少なくない。

２００９（平成21）年８月に兵庫県佐用町で起こった水害では、指定避難場所や集会所に向かっていた11人が、濁流に流されて犠牲となった。今回の西日本豪雨でも、避難途中に犠牲になった人は少なくとも21人はいるという調査結果が出ている（『平成30（２０１８）年7月豪雨による人的被害等についての調査（速報）（２０１８／10／16版）』）。

行政から避難勧告などが発令され、自宅に留まることが危険と判断した場合、多くの人は地域の指定避難所への避難を考えるが、自宅から避難所までの移動経路にもさまざまな危険が潜んでいる。

水害の際には、立体交差のアンダーパス箇所や川沿いの道、想定浸水深が深い区域などが危険箇所となる。

第1章で取り上げた広島市安芸区矢野東の梅河団地では、最寄りの避難所である矢野南小学校までの避難経路のうち、約68％の部分が土砂災害警戒区域に含まれている。さらに団地から県道に出る道路はひとつしかなく、県道に出たあとも矢野川沿いを約600メートル（避難経路の約4割の距離）進まなければならない。

6人の犠牲者を出した呉市天応西条3丁目では、もっとも近い指定避難所（天応中学校）までの避難経路約700メートルがすべて土砂災害警戒区域内に含まれている。

避難経路自体に危険が潜んでいる場合、河川の越水や堤防の決壊、土石流などが発生してしまうと水平避難が極めて困難か、ほぼ不可能になってしまう。そのため、たとえば以下のような対策をあらかじめ決めておかなければならない。

- 災害発生前に避難行動が起こせるルール設定
- 危険箇所を迂回した別の避難経路の設定
- 危険箇所を通らないで避難できる自主避難場所（高台にある民家など）の設定

また、自分が逃げようとしている避難所が、本当に安全に避難できるかどうかも事前に確認しておいた方がいいだろう。

指定避難所の多くは、地震や火山噴火、津波などの災害を想定しており、豪雨による河川の氾濫や土石流には対応していない場合もある。

倉敷市の真備町川辺地区では、市の指定避難所である川辺小学校も真備公民館川辺分館も5メートル以上の浸水エリアにあり、水害時の避難所としては機能しなかった。地区の住民の多くは、近隣の地区の指定避難所に向かったが、岡田地区の岡田小学校には定員（180人）の10倍超の2000人近くが、薗地区の薗小学校には定員の4倍超の800人、二万地区の二万小学校には定員の3倍の500人が詰めかけ、避難所に入れなかった人も多かったと聞く。また、真備町地区全体の広域避難場所である真備総合公園には600人もの避難者が集まったが、公園は土砂災害警戒区域内にあり、豪雨による土砂災害の恐れがあった。

第1章で取り上げた川辺地区の槙原さんも、最初に向かった岡田小学校に混雑で入れず、いったん自宅に戻ったあと、真備総合公園に向かったが、渋滞のためにやはり中には入れなかった。すでに真備町地区全域に避難勧告が発令されて、河川氾濫の危険があったにもかかわらず、危険な地区内をさまよい、何度も自宅へ戻ることになったのは、本人の危機意識の有無とは別に、避難所に入れなかったことが多分に影響していることは間違いない。

災害発生時、指定避難所にどのぐらいの人が集まるのかは、事前に予測することは難しい。また、仮に避難できたとしても、体育館などに雑魚寝状態となるため、心身ともに多大なストレスがかかってしまう。となると、安心かつ確実に避難するには、行政指定の避難所ではなく、兼信さんや同地区の松田さんのように、知人や親族の自宅に逃げられるようあらかじめ相談しておくのが、よりよい選択といえるのではないだろうか。

自主防災組織は有効か

災害が起こったとき自分や家族の命を守るには、「自助」「共助」「公助」の三助が必要だと一般にはいわれている。それぞれについて簡単に説明をすると、

自助…自分や家族の命や財産を守るため、自分や家族で防災に取り組むこと
共助…自分や家族の安全を確保した上で、近所や地域の人たちと助け合うこと
公助…自治体、消防、警察、自衛隊などによる公的な支援のこと

となる。

災害発生時、公助はすぐには駆け付けてくれないし、特に広域災害の場合は人手にかぎりがあるため、救助や支援の手が届くことは遅れがちになる。それゆえ、初動時においては自分自身の判断で避難行動を起こす「自助」と、地域の人びとで協力し合って避難する「共助」が欠かせない。

本章でここまで述べてきたことは、自分や家族がいかに迅速かつ適切に避難するか、つまり自助の問題である。ここからは、ふたつめのポイントである共助について考えていきたい。

今回の西日本豪雨であらためて注目されているのが、地域の自主防災組織である。災害発生前後から地域の人たちで声をかけ合ったり、高齢者や要支援者の避難をサポートしたりして、人的被害の発生を防いだ事例が各地で報告されたためだ。第1章で取り上げた総社市下原地区も自主防災組織が活躍した好例だろう。

では、地域ごとに自主防災組織を設立して、日頃から防災訓練や勉強会を行なえば、人びとは確実かつ迅速な避難ができるようになるのか。だが、現実にはそう単純な公式にはならないようだ。広島市の『検証会議 提言』のアンケート調査の中に「自主防災組織活動への

参加と避難行動」という項目があった。自主防災組織の活動への参加の有無と避難行動の関連性を見てみると、

- 「自主防災組織が主催する地域の防災訓練に参加したことがある人」のうち、「避難した人」は23・3％、「避難しなかった人」は72・2％
- 「自主防災組織が主催する防災講演会等の勉強会に参加したことがある人」のうち、「避難した人」は25・0％、「避難しなかった人」は72・3％
- 「自主防災組織を知っているが、参加したことはない人」のうち、「避難した人」は21・0％、「避難しなかった人」は76・2％

と、自主防災組織の活動への参加が必ずしも避難行動につながっていないという結果が出ている。

実際、真備町川辺地区の槙原さん宅がある区域では、川辺地区としては唯一の自主防災組織が結成されて「モデル区域になっていた」というが、災害時にはまったく機能しなかった。「避難勧告が発令されたとき、自主防災組織のリーダーだった人が一軒ずつ家をまわって、

『避難勧告が出ました』と伝えてくれました。私が『みなさんはどうされますか』と聞くと、『どうでしょうね。○○さんのお宅は避難したみたいですよ。電気が消えてますから』といった話のみで、避難情報に基づいてどう行動するかまで、まったく決められていなかったんです」

2014（平成26）年の広島土砂災害で3人の犠牲者を出し、地区全体が大きな被害を受けた広島市安佐北区可部東の新建団地でも、その2年前に土砂災害警戒区域に指定されたのを機に自主防災会を設立。防災マニュアルや緊急時連絡網などの防災体制を整備し、年1回は避難訓練を実施していたが、「今になって思えば、それは訓練のための訓練でしかなかった」と前自治会長の今田勝馬さん（74）は振り返る。

「自主防災会を作って活動していましたが、地域として防災に対して危機感を持って取り組んでいたかといえば、そんなことはありません。ほかの地域同様、私たちも自分たちの団地で災害が起こるとは想像もしていませんでした。避難訓練も〝自治会の年間行事のひとつ〟ぐらいの位置付けで、集合して、点呼をとって、避難所に移動する、という一連の流れを繰り返すのみ。実際の災害を想定して内容を工夫するなどのことは、まったくなかったです」

つまり、自主防災組織を設立して活動すれば、おのずと地域の防災意識が高まり、いざというときにも迅速な避難ができるわけではは当然なく、問われるのはやはり組織や活動の内容や質なのだ。

では、総社市下原地区の自主防災組織は、なぜ西日本豪雨において機能して、アルミ工場の爆発と水害という二重の災害にもかかわらず、犠牲者ゼロを実現できたのか。その活動を振り返ってみたい。

総社市下原地区の自主防災活動

第1章でも述べたとおり、下原地区に自主防災組織が設立されたのは、東日本大震災の翌年、2012年4月のことだった。

設立後は、まず避難場所と避難経路の整備に取り組んだ。高台の神社など3カ所を地区の避難場所として、避難経路も指定。登りにくい道はコンクリートで固め、石段を作るなどの整備を住民自らの手で行なった。

また、各世帯の連絡先や人数、支援が必要な要配慮者の人数を記した地区独自の世帯台帳

（毎年8月に更新）をもとに安否確認表を作成。のちに述べる毎年の避難訓練では、地区全体を7つの班に分け、各班の班長がこの表をもとに住民の所在（避難か、自宅待機か、不在や未確認なのか）の確認を行なった。

社会福祉協議会が実施している災害ボランティア講座や外部の各種研修会に参加し、総社市の災害ボランティアに登録して被災地で活動するなど、災害に対する意識向上や経験の蓄積にも取り組んだ。

そして、自主防災組織副本部長の川田一馬さんが「もっとも重要な活動」と位置付けているのが、2013年から毎年9月1日前後に実施している避難訓練である。

川田さんの話を聞くと、下原地区の避難訓練が、多くの地域が陥りがちな〝形だけの訓練〟〝訓練のための訓練〟とは対極にあることがわかる。

訓練の準備は、半年前の3月頃からはじめる。川田さんがリーダーとなってプロジェクトチームを作り、月1回ペースでミーティングを開催して訓練内容を検討。これまで「大洪水」や「地震」など特定の災害を想定して訓練を実施したほか、2016年には「夜間」の避難訓練も行なった。訓練日が悪天候だった年もあったが、中止にすることなく、あえて「雨のなか」での訓練も決行。毎年、社会福祉協議会から車椅子を3台借りて、要配慮者をどのように支援するかの模擬訓練も行なっている。

さらに実施後は必ず反省会を開き、挙がった課題は翌年の訓練に活かしている。

「ほかの地域の方から『夜間や雨のなか避難訓練をして、もし住民がケガをしたら……』と言われたこともあります。しかし、私たちの考えは、実際に災害が起こったときに安全確実に避難できるようになっておくことが第一義の目的であって、そのために夜間や雨のなかでの訓練も行なっているのです。訓練時のケガを気にして、環境のいいときしか訓練しないのは本末転倒だと思うし、もし訓練時のケガが心配ならば未然に防ぐための準備や対策を入念に練っておけばいいだけの話です」

実際、西日本豪雨の際には、夜間、雨のなかでの全戸避難をすることになった。もし日中の晴れた日にしか訓練を行なっていなかったら、住民のなかに悪条件下での避難に不安を抱く人、躊躇した人もいたかもしれないし、そうした不安が積み重なれば全体としての行動の統制が取れず、全戸避難の完了が遅れた可能性もある。だが、そうはならず、スムーズな避難ができたのは「訓練で、夜間や雨のなかでの避難を経験していたことが大きかった」と川田さんは語る。

「もちろん訓練でやっているのは、放送などで呼びかけ、班ごとに集合したのち、指定された避難場所まで歩いて移動し、最終的に点呼をとって安否確認をする、という基本的な動きだけです。当然ですが、自家用車や市の公用車で地区を離れることまではやっていません。ただ、夜間や雨のなかなど多少なりとも実際の災害を想定しながら、役員や各班長から住民への指示を出し、その指示に従って住民たちが動くという訓練がしっかりできていたからこそ、本番でも応用ができたと思います。

自然災害はいつ起こるか、わかりません。それゆえ、住民の一人ひとりが日頃から防災意識を持ち、いざというときに備えておくことが不可欠です。危機意識の維持・継続こそが防災・減災の核心です。では、そのためにわれわれに何ができるか。私は、地道に避難訓練を重ねていくしかないと思っています」

ただ、傍からは上手くいっているように見える下原地区の自主防災活動も、常に順風満帆だったわけではない。ほかの地域と同じように、避難訓練への参加率の低下という課題を抱えていた時期もある。参加率の低下は、すなわち住民の危機意識の低下であり、災害が発生したときには避難の遅れなどにつながる重大な問題だ。

「参加率の低下にはふたつの要因があると思います。ひとつは、住民の高齢化。年齢とともに気軽に出歩くことができなくなり、参加したくてもできないケースです。もうひとつは、訓練のマンネリ化。運営する側としては毎年内容を試行錯誤していますが、住民側としては『毎年参加しているから、もうわかっている』という気持ちがあるのだと思います」

3年ほど前には、川田さんからチームのメンバーに「参加率も下がっているし、避難訓練を2、3年に1回ぐらいにしたらどうだろうか」と提案したことがあった。川田さんとしては、本心からそうしたいと思っていたわけではない。メンバーの奮起を促し、参加率低下に歯止めをかけるアイデアが出ることを狙っての意図的な提案だったのだが、それでも「もしみんなが『そうしよう』と同意したら、本当に2、3年に1回になっていたかもしれません」と述懐する。

だが、川田さんのもくろみどおりというべきか、数人のメンバーから「川田さん、それはダメだ」「毎年やらないと意味がない」と反対の声が上がり、提案は即座に却下される。

もしこのとき全メンバーが、川田さんの「2、3年に1回案」を承認して避難訓練の頻度が減ってしまっていたら、西日本豪雨の前年に実施された夜間訓練も行なわれず、豪雨本番のときの避難行動も住民の統制がとれずに遅れてしまい、人的被害が出ていたかもしれない。

そう考えると、この3年前の川田さんの意図的な提案、そしてメンバーから「訓練は毎年やるべき」と反対意見が上がったことは、下原地区の自主防災活動にとって大きなターニングポイントだったといえるのではないか。

人には同調性バイアスがあるので、避難訓練のリーダーである川田さんの意見にほかのメンバーが流される可能性は多分にあったはずだ。にもかかわらず、なぜ彼らは上の意見に反対し、声を上げることができたのだろう。

声を上げたひとり、渋江隆司さん（47）に話を聞いてみることにした。

本気は伝わる

渋江さんはもともと、防災への関心や災害に対する強い危機感を持っていたわけではなかった。「ほかの人たちと何ら変わりない、ごく普通の住民」と自身のことを語る。

そんな渋江さんが地域の防災に関わるようになったのは、2014年の防災士資格の取得がきっかけだった。

「防災士の資格取得も、自ら進んでということではなく、川田一馬さんから『取ってくれないか』と話をいただいたからです。仕事や家族のこともあるので、最初はちょっと抵抗したんです。でも結局は断りきれず、言われるがまま、勉強して受験した、という経緯です」

当初は受け身ではじめた防災士の勉強ではあったものの、いろいろ学ぶうちに「防災って必要なんだな」と徐々に気持ちが変わっていった。

「勉強する過程で、たとえば『過去の災害歴など、自分の地域のことを理解しなさい』とあると、昔のことを調べたり、防災マップを見たりするわけです。すると、下原では過去に水害が起こっているし、洪水が起これば今でも広い範囲で浸水する恐れがあることがわかります。そうしたことを知って、『うちの地域も安全じゃないんだ』『ちゃんと防災活動をしなければいけないんだ』と自然と考えるようになったんです」

資格取得後は、「せっかく資格を取らせてもらったんだし、自分が学んだことを地域に還元していこう」と、避難訓練の準備ミーティングでは自分の意見を積極的に発言したり、地域の人たちに防災や気象について関心を持ってもらおうとミニ講義を開いたりした。2017年の避難訓練の際には、線状降水帯についての資料作りを自分で行ない、住民向けにレクチャーを実施したそうだ。

数年前、川田さんから「参加率が低下しているし、避難訓練を2、3年に1回にしたらどうか」と提案があったときも、特別な意識はなく、いつもどおりに自分の意見として「訓練は毎年やらなきゃダメだ」と反対した。

「訓練は疎遠になれば、そこから劣化がはじまります。『毎年やらなくていい』と妥協したら、次は2年に1回が3年に1回になり、やがて『訓練は必要ないんじゃないか』となってやらなくなってしまう。自分たちで毎年やると決めたら、やり続ける。否でも応でも定期的にやり続けてこその訓練なんです。

下原地区も、川田一馬さんをはじめ一部の役員の方が熱心に防災活動に取り組んでいる一方で、全体として見れば、必ずしも災害に対する危機意識が高いわけではありません。われわれは毎年テーマを変えながら避難訓練を企画していましたが、住民の中には『本当にこの地域で洪水なんて起こるのか?』という声が少なからずありました。私としては、そういう声が聞こえてくるからこそ、やらなければならないと思っていました」

自分の意見や学んだ知識を人に伝えるとき、渋江さんが特に心がけていることがある。それは「本気で話すこと」だ。

「大事なことは本気で話さないと相手には伝わらないし、ついてきてくれないと思うんです。だから、地域の人たちに『避難訓練に参加してください』とお願いするときにも、こちらの考えを相手が納得してくれるように丁寧に話して、本気をしっかり伝える。住民向けのミニ講義も、私としてはぜひみなさんに知っておいてほしい知識なので、本気で伝えています」

もともとは特別に防災意識が高いわけではなかった渋江さんが、今では本気になって地域の住民たちに防災の必要性を説く。この変化は、渋江さん自身は「防災士の勉強をしたから」というが、防災士になったすべての人が渋江さんのように地域の防災活動を担うリーダー的な存在になれるかといえば、必ずしもそうではないだろう。

渋江さんが地域の防災リーダーになり得た理由。そのひとつは、地域のことを考え、活動をするための素地が彼の中にあったことだ。

渋江さんは生まれも育ちも下原で、さかのぼれば親もその親も代々この地で暮らしてきた。自分のルーツたる地域や住民たちへの愛着は深い。

「特別に頑張っているつもりはないんですが、誰かから頼まれて、こちらに時間があれば、できる範囲で地域のことはやっていこうと。なので、草刈りでも自治会の仕事でもやる。防災も一緒です」

もうひとつは、まわりの環境も大きく影響しているのではないだろうか。

先述したように、渋江さんに「防災士の資格を取ってくれないか」と持ちかけたのは、川田一馬さんだ。川田さんが、自主防災組織の設立準備から立ち上げ後の活動まで懸命に奔走する姿は、同じ地域の住民として渋江さんも知っていただろう。その川田さんからの依頼。渋江さんは、川田さんの本気を感じ取ったはずだ。

事実、川田さんは「防災士は隆司さんしかいない」との想いで、話を持っていった。

「防災士の資格取得はもともと市からの要望で、最初は私のところに話が来たんです。でも、私のような年寄りではなく、下の世代から将来の下原を担う人間を育てなければならないと思い、お断りしたんです。そこで誰が適任かと自治会長と相談するなかで、真っ先に思いついたのが隆司さんでした。それは、彼がこれまで人一倍、地域のために働いてくれていたのを知っていたからです。彼は40代の働き盛りで、仕事や家族のことで忙しいのは重々承知していましたが、それでも彼しかいないという想いでお願いに行ったんです」

川田さんの本気が渋江さんを動かし、渋江さんが防災に目覚めるきっかけとなった防災士の勉強に導いた。そして今、防災士となった渋江さんが、ほかの住民に防災活動や避難訓練の意義を本気で伝えている。「全員に届けることは難しい」と渋江さんは言うが、ひとりでもふたりでも渋江さんの本気が伝われば、その人が次の地域防災の担い手となるはずだ。

防災マニュアルや避難訓練など防災活動の形骸化は、どこの地域にも共通する課題だろう。だが、川田さんや渋江さんの話を聞いて感じたのは、防災活動に本気で取り組み、その意義を本気で伝えようとする人がひとりでもいるかぎり、〝形だけの訓練〟〝訓練のための訓練〟には陥らないのではないか、ということだ。そして、地域防災の要となる人は、自然発生的に生まれるのではなく、まわりの人や地域がきっかけを与えたり、支援したりすることで育っていくのだ、とも。

まさにこの点に、下原地区の防災の核心もあるのではないだろうか。

犠牲者ゼロでも、課題はある

西日本豪雨では犠牲者ゼロを実現した下原地区であるが、川田さんも渋江さんも、自分たちの避難行動が完璧だったとは思っていない。むしろ、訓練ではなく、現実の災害を経験したことで見えてきた課題をどのように改善していくか、今まさに考えている最中だという。

大きな課題のひとつは、班の規模だ。現在の体制では、地区のおよそ110世帯を7つの班に分けている。班ごとの担当世帯数は、もっとも少ない班で6世帯、もっとも多い班で21世帯となっている。

渋江さんは班長のひとりとして、いつアルミ工場の2度目の爆発が起こるかもわからない切羽詰まった状況のなかで、避難を呼びかけるために各家をまわった。そのときの経験を踏まえ、「班ごとの担当数は10世帯以下がベスト」という実感を抱いている。

「10世帯台でもなんとかまわれますが、相当しんどいはず。今回の豪雨時、私の班は6世帯だけだったので余裕を持って呼びかけができましたが、21世帯の班の班長さんは土砂降りの雨のなか、よくまわれたなと思います」

担当する世帯数が多くなればなるほど、班長の負担は大きくなるし、住民への情報伝達が遅れて、逃げ遅れを引き起こすリスクも高くなる。ただ、一班あたりの担当数を減らすために班の数を増やすと、おのずと班長も増えてしまい、班長全員が集まりづらくなり、情報共有や意思疎通がスムーズにできなくなる事態も想定される。

「班長の負担を減らすことと、スムーズな連絡や意思疎通が両立する、もっともベストなバランスを今後考えていかなければならないと思っています」(渋江さん)

共助の体制は、その地域の世帯数や居住の形態(マンションやアパートなどの集合住宅なのか、戸建住宅なのか。戸建住宅でも、家同士が密集しているのか、離れているのか)、住民の年齢構成比などの条件によって千差万別で、絶対の正解はない。

だからこそ、住民たち自身で考え、自分たちにとって最良の形を自分たちの手で作り上げていかなければならないのだろう。

ＩＴを活用した新しい共助のあり方
～広島市安佐北区可部東・新建団地の事例から～

次に取り上げるのは、下原地区で課題となっている住民への避難の呼びかけや安否確認に関して、ＩＴを駆使して先進的な体制を作り上げている広島市安佐北区可部東の新建団地の事例である。

先述したように、同団地は２０１４年の広島土砂災害で３人の犠牲者を出し、団地のおよそ３分の１にあたる70～80世帯が全壊もしくは半壊、家屋内への土砂の流入などの被害を受けた。災害前にも自主防災会を中心に防災マニュアルや緊急連絡網を作ってはいたが、実際に土砂災害が起こったときには、まったく機能しなかった。その反省から「同じような被害を二度と出さないため、自分たちに何ができるのか。自治会が中心となって対策を検討しました」と前自治会長の今田勝馬さんは語る。

最初に行なったのは「団地独自の雨量計の設置」である。

1時間最大121ミリという異常な豪雨に見舞われた広島土砂災害のあと、住民の多くが大雨に対して恐怖心を強く感じるようになっていた。なかには、20、30ミリの雨が降っただけで不安を抱き、自治会の役員に「避難した方がいいんだろうか」と問い合わせをしてくる人もいたそうだ。

「住民に余計な不安や心配を抱かせないため、今の雨量がどの程度なのかを知らせる方法はないだろうかと考えたとき、独自の雨量計を設置する案が出たんです。幸い復興のために資金提供を申し出てくれる団体がいくつかあったので、そのお金を使わせていただきました」

設置した雨量計は、雨量を常時観測し、一定の雨量を超えた場合、あらかじめ登録しておいた住民の携帯電話やスマートフォンに自動で警報メールや防災情報を配信する機能がついていた。ただ問題がひとつあった。システム上、雨量計から直に雨量データや警報メールを受信できるのは、20人にかぎられていたのだ。雨量計設置の目的は、全住民に現在の雨量をリアルタイムに伝えることである。「自治会の役員など一部の住民だけが知ることができても意味はなかった」と今田さんは話す。

そこでさらなる対策を検討し、団地のホームページ「新建ポータルサイト」を開設。住民は、パソコンやスマホでホームページにアクセスすれば、いつでも観測データを閲覧できるようになった。さらに、ホームページは住民自身で簡単に管理できるシステムとして、回覧板の内容を掲示したり、イベント日記（ブログ）を書いたりもできるようにした。

立ち上げに尽力したのは、住民のひとりで、システムエンジニアとして働く森次茂廣さん(54)。以降、森次さんが中心となって、団地の防災体制のIT化が進んでいく。

2016年2月には、インターネットを利用した「安否確認システム」を開設し、運用を開始した。安否確認システムの開発経緯について、今田さんは次のように話す。

「災害時の住民の安否確認体制の確立は、自主防災のための最重要課題でした。各班の班長や副班長が各家をまわって安否確認をする方法が一般的ですが、二次災害が起きるかもしれない危険な状況のなか、班長や副班長にそのリスクを背負わせるのは問題だろうという意見が上がったんです。そこで、本人は安全な場所に避難しながら、同時に住民の安否を確認できる方法はないだろうかと話し合い、このシステムにつながっていきました」

こうしたIT系のシステムやツールを運用する場合、もっとも重要なことは「いかに全住民に浸透させて、実際に使ってもらうか」だろう。特に、高齢者にはそのハードルが高い。

どれだけ優れたシステムを開発しても、使ってもらえなければ、宝の持ち腐れだ。

森次さんはほかの役員と相談しながら、使いやすさを徹底的に追求し、日頃ITになじみのない人でも簡単に使いこなせるシステムを作り上げた。それが、インターネット上のシステムと実物の住民カードを組み合わせた独自の方法だ。（図4）

団地の全住民には、名前・IDナンバー・QRコードを記載した住民カードを配布。住民は、スマホや携帯電話でカードのQRコードを読み取ることで、インターネット上の各個人の専用ページにアクセスでき、その専用ページから「自宅待機」「避難所」「親戚／知人」などのボタンを選択して、自身の安否情報を入力できる。また、「支援して」「支援できます」という選択ボタンもあり、もし避難などに支援が必要な場合もシステムを通じて要請できる。以上の操作を、キーボードで文字を打ち込んだりする手間もなく、行なえるのである。

各個人が入力した安否情報は自動的に一覧化されて、役員だけでなく、全住民が閲覧可能になる。住民全員の情報を、住民全員で共有し合える仕組みになっているわけだ。

新建団地の安否確認システムが画期的なのは、操作方法を忘れてしまったり、バッテリー切れや、そもそも携帯端末を持っていないなどの理由から、自分ではシステムにアクセスできなくても、家族や近隣の人がその人の住民カードのQRコードを読み込めば、本人でなく

図4　新建団地の安否確認システム

《住民カード》
団地の全住民が所持する「新建カード」。右上のQRコードを携帯電話やスマホで読み取る

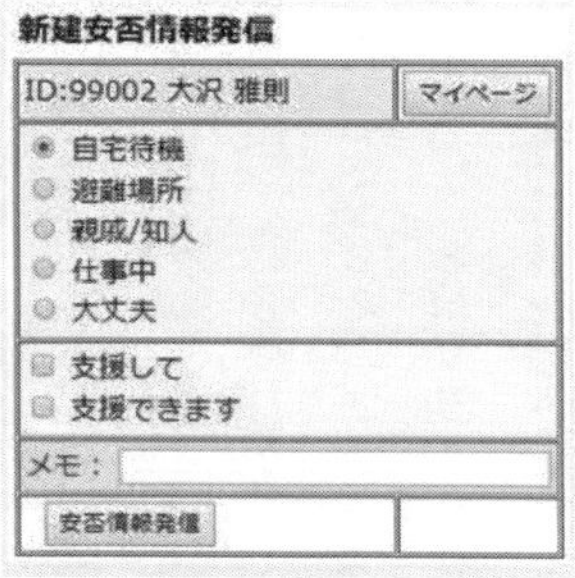

《安否情報発信ページ》
「自宅待機」「避難場所」などを選択し、発信ボタンを押すだけ

新建自治会 防災安否確認

安否情報発信　グループ：デモ班　理事/役員　避難状態：すべて　支援：すべて　検索　集計表示

ID	班名	お名前	避難状態	支援	メモ	確認時刻	サポートメモ
20800	1班	青木 克文					
30300	2班A	延吉 光雄					
40800	2班B	今田 勝馬	自宅待機			19日 12:19	
41200	2班B	松本 和夫	大丈夫				
50400	3班	大林 晃造					
71000	5班	平井 文夫					
81400	6班	梅野 照幸	大丈夫	支援出来ます		27日 19:24	
99001	デモ班	河合 研五					
99002	デモ班	大沢 雅則	自宅待機			29日 14:34	
99003	デモ班	稲垣 武俊					
99004	デモ班	園田 義将					自宅で待機され、夫婦共に無事です。：大沢(15:22)
99005	デモ班	林田 定二					
99006	デモ班	本田 宏機	自宅待機	助けて	避難所に行きたい！	29日 15:24	梅野さんが、向かっています。:大沢(15:26)
99007	デモ班	本間 朗夫					
99008	デモ班	大槻 知生					
99009	デモ班	黒木 [illegible]					

《安否確認ページ》
各個人が入力・発信した安否情報は自動的に一覧化され、全住民が閲覧できる。支援を求めている人の項目は色分けされて見やすくなっている。また、サポートメモの欄には本人以外が書き込むことができ、本人が安否情報を発信できないときにほかの人が代理で発信をしたり、支援状況などを共有したりできる

ても各個人の専用ページに入ることができ、安否情報を入力できることだ。

今田さんの後を継いで自治会長となり、これまで安否確認システムの普及に尽力してきた梅野照幸さん（66）は、システム設計の狙いについて次のように話す。

「いちばん大事なことは、住民一人ひとりの安否情報を漏れなく確認することです。システム自体を使いやすくすることにはもちろんこだわりましたが、住民全員が使いこなすのは現実的に難しい。そこで、本人が操作できなくても、家族や隣人が操作して安否情報を入力できる仕組みを作っていったのです」

とはいえ、できるだけ多くの人が使い方を身に付けているのに越したことはないので、団地でシステム操作の勉強会もたびたび実施している。一度に大勢の人を集めて、講師役の人が一方的に説明するだけの講義形式では操作方法は覚えられないだろうということで、2、3人ずつ地区の集会所に来てもらい、開発者の森次さんや梅野さんがマンツーマンで教える方法を採用。約3カ月かけて、40人ほどの住民に教えていった。

また、こうしたシステムは日頃から使っていないと操作方法を忘れてしまい、本番で使いこなせないことが危惧される。そのため、平時でも使えるように機能を追加。たとえば、メール連絡網機能を組み込んで、地域のイベントやゴミ回収など自治会関係の連絡を行なえるように改良した。機能追加に伴い、住民カードのQRコードからアクセスできるサイトはポータルサイトとして、それまで平時は「防災安否確認システム 閉鎖中」とだけ表示されていたものを、「ホームページ」「メール連絡網」「新建ゴミカレンダー」「新建地区雨量」など日常的によく使うボタンを配置。サイト管理者から避難情報が発令されると、安否情報発信ページに変わるように変更した。普段は情報収集のページとして住民に利用してもらい、非常時には安否情報発信のページとして機能するようにしたのだ。

さらに、安否情報を発信する操作方法にも日頃から慣れておくことができるよう、本番用のページとは別に、訓練用のページもシステムに組み込んだ。

以上のようなさまざまな工夫や地道な努力によって、安否確認システムは徐々に住民の間に浸透していった。運用開始直後の避難訓練ではじめて安否確認システムを使用したときには、システムを通じて自分や家族の安否情報を発信した人は62人だったが、2年後の2018年2月の避難訓練では、参加した117世帯（参加人員は171人）のうち134人が自分や家族の安否を発信した。

本番でも活用された安否確認システム

西日本豪雨でも安否確認システムは活用された。

広島市から安佐北区に「避難準備・高齢者等避難開始」が発令されるよりも45分以上前、15時1分の時点で、自治会から独自の「避難準備情報」が発令された。ただ、このときは新建団地にはそれほど多くの雨は降らず、1時間の最大雨量は39ミリ。そのため、16時に広島市から「避難勧告」が発令されたが、自治会としては避難準備以上の情報は発信しなかった。それでも安否確認システムには62件の住民からの情報発信があり、自由に書き込めるメモ欄には「全員実家に避難しました」「主人は仕事ですが、私と娘は可部南の実家に避難しています」「○○さんは可部小学校に行かれました」などのメッセージが投稿された。

２０１４年の広島土砂災害のときは、猛烈な雨や夜中に襲いかかってきた土石流に対して「何もできなかった」（今田さん）団地が、その4年後には（幸いにも降水量は少なく、災害を起こすような激しさではなかったものの）自分たちで気象情報を集め、それをもとに避難情報を出し、住民からも自らの安否が発信されるようになったことは、大きな進歩である。

現在、新建団地の安否確認システムは、メール連絡網やホームページも含めたＷＥＢサービスとして、外部への提供も行なっている。安否確認システムのサービスはさまざまな企業が提供しているが、被災地の自治会が自分たちの経験を活かして独自に開発したサービスはほかに例がない。

テクノロジーの進化は日進月歩で、あらゆる分野において最先端の技術が取り入れられて、従来のやり方が更新されている。それは防災においても同様で、新建団地の事例は、これからの時代の共助のあり方の注目すべきモデルケースのひとつといえる。

最善を求め続ける

ここまで「自分や家族の命を守るため、どうすれば適切に避難できるか」を考えてきた。防災科学技術研究所の三隅良平さんが教えてくれた4つの指針や、総社市下原地区や、広島市安佐北区の新建団地の自主防災の取り組みは、自分や地域の防災について考える際に大きな示唆を与えてくれる。

ただ、悲観的になるわけではないが、どれだけ人間が考え、入念に準備をし、適切に行動をしようとしても、ときに自然はそうした人間の想定を超えてくることも忘れてはならない。

「どのような災害や事故も、程度の差こそあれ、未知との出会いを含む。ちょっとしたタイミングや状況判断の適・不適、行動の有無がもたらす運・不運が、生死を分けることもある」

災害心理学の専門家、広瀬弘忠さんが著書『人はなぜ逃げおくれるのか 災害の心理学』の中で書いている一文だが、災害時に直面するのはまさにこの言葉どおりの現実だ。

よかれと思って起こした行動が、運悪く自分を窮地に追い込むこともある。逆に「もうダメだ」と諦めかけたとき、思いがけない幸運によって助かることもある。

「未知との出会い」があれば、そこには必ず「想定外」が生まれる。これまでは「起こらない」と考えていたことが、起こるかもしれない。それはもう人間の営為の範疇を超えたことなのだ。

アルミ工場の爆発と水害という二重の災害に見舞われながらも、犠牲者ゼロだった総社市下原地区。アルミ工場が爆発する前の段階では、自主防災組織の役員たちは住民に自宅の上階への垂直避難を呼びかけたが、話し合いの場では水平避難の選択肢も上がっていたという。「避難の方法については、役員でずいぶん議論しました。雨の降り方が尋常ではなかったので、早めに水平避難をするべきじゃないか、という声もあったのです。もし水平避難を決断して、住民が屋外に出て移動しているときにあの爆発が起こっていたら、全員無事ということはなかったかもしれません」

川田さんのこの話から見えてくるのは、防災意識の高さゆえに早めの水平避難を決断していたら、かえって裏目に出ていた可能性もあったということだ。とはいえ、アルミ工場の爆発など誰も想定していなかった事態で、そうした危険を事前に察知することは不可能だ。

自然は必ず人間の想定を上回ってくる。自然災害の現場では必ず想定外が起こりうる。その現実をしっかりと受け止めた上で、われわれが常に自分の心に問いかけるべきは、「最善を尽くしているか」ということではないだろうか。

地域の過去の災害歴を勉強すること。ハザードマップを見ておくこと。避難場所や避難経路を確認しておくこと。避難のルールを決めておくこと。定期的に避難訓練を実施すること。大雨や台風のときは自分から情報を取りに行くこと——そうした自分にできると思うことは漏れなく、すべて行なっておきたい。

災害が常に未知との出会いを含むのであれば、万全の対策も存在しない。ならば、少しでもそれに近づけるため、今ある方法の課題を自分たちで見つけ、「どうすれば、よりスムーズに、より安全に避難できるだろうか」と改善し続ける。そんな地道な努力も必要だろう。

そして、どんなときも諦めないこと。避難行動の理想は、災害が発生する前に、安全な場所にいち早く逃げておくことだ。だが、何かのタイミングのずれによって、否応なく荒れ狂う自然に晒されることもあるだろう。そのときは身に付けた知識や経験を総動員して、全力で逃げる。必死で逃げる。「もうダメかも」と思っても、決して諦めず、生き抜くことを欲し続けるしかない。

豪雨災害という自然の脅威に向かい合うとき、人間の側にできるのは、突き詰めればそうしたことに行き着くのではないだろうか。

第4章

ポスト災害

～町と人の再生に向けて～

災害関連死の深刻な実態

その数字を目にしたとき、「こんなにも深刻なのか……」と驚愕させられた。

日本弁護士連合会の『災害関連死の事例の集積、分析、公表を求める意見書』（2018年8月23日）の中に「過去の災害における災害関連死者数」がまとめられていた。以下に抜粋する。

「阪神・淡路大震災」兵庫県の死者6402人のうち、災害関連死は919人（約14・3％）
「新潟県中越地震」死者68人のうち、災害関連死は52人（約76・4％）
「東日本大震災」死者1万9630人のうち、災害関連死は3676人（約18・7％）
「熊本地震」死者267人のうち、災害関連死は212人（約79・4％）
（いずれも2018年4月現在）

東日本大震災の災害関連死については復興庁が定期的に死者数を調査・公表しており、2018年9月30日現在（発表は同年12月28日）で3701人となっているので、発災から

8年以上が過ぎた今でも増え続けているのだろう。

災害関連死とは、災害による直接的な被害ではなく、避難生活における心身への過度な負担によって体調を崩したり、病気や負傷が悪化したりして、死亡することを指す。その死者数の中には、避難生活中に自ら命を絶ち、関連死として認められるケースも含まれている。

災害関連死という言葉はもちろん知っていたし、新聞などの報道で目にする機会は何度もあった。ただ、災害関連死の認定は市町村が行なってきたため、正確な全体像は国も把握しておらず、発表もなかった。私自身、いったいどれだけの人が災害関連死で亡くなっているのか、これまで知らないままに過ごしてきた。それゆえ右の数字を見て、ショックを受けた。

西日本豪雨の被災地でも、災害関連死は徐々に増えている。報道によれば、2019年5月現在で、広島県では24人、岡山県では12人が災害関連死と認定された。遺族から認定を求める申請が続いており、今後さらに増えていくことは間違いない。

再三述べてきたように、本書の目的は「豪雨災害に見舞われたとき、どうすれば自分や家族の命を守れるのか」を考えることである。

取材をするまで、私の中では「命を守る」とは、「発災時にいかに逃げるか」であった。だが現実には、災害から辛くも逃げ延びたとしても、その後に生きることが叶わなかった人びとが大勢いるのだ。

「災害には、二重の選抜過程があります」と話すのは、災害心理学を専門とする広瀬弘忠さん。

「二重の選抜とは、まず発災時に生き残れるかどうかの選抜があり、次に災害後をよりよく生き残れるかどうかの選抜がある、ということです。

仮に災害自体から生き残れたとしても、災害後にはさらに、激変した環境に適応できる人びとと適応できない人びとが選別され分離されます。2度目の選抜に適応できない被災者は、日々の生活のなかで残された命のさらなる剥奪を受け続けることになるのです」

自分や家族、親しい人の命を守るには、発災時に逃げ延びるだけでなく、災害後の避難生活や復旧・復興のプロセスをどう生き抜くかも重要な課題なのだ。

災害後に被災者にのしかかってくる負担は個々によって大きく異なる。被害状況が千差万別であることと、生活の再建にはその人の年齢や心身の活力、もともと持っている経済力などが関わっているためだ。住宅再建には公的支援もあるが、全壊でも最大で300万円と決して十分な額ではない。

また、災害後をよりよく生き抜くためには、右に挙げた個々の心身や経済的な問題のほか、地域のコミュニティや家族・知人との関係も重要な鍵となる。人は社会的な生きものであり、周囲の人びととのつながりなしには生きていくことはできないからだ。

本章では、地域と人の再生にフォーカスを当てながら、「ポスト災害」の生き方について考えていきたい。

住民が集まれる場を

真備町川辺地区の槙原聡美さんには、忘れられない光景がある。

災害翌月の8月末から、川辺小学校で炊き出しを行なったときのことだ。豪雨による浸水被害で、川辺地区は避難所も含めて町全体が水に沈んだ。住民はほかの地区の避難所や、みなし仮設住宅、親類・知人の家に散り散りに身を寄せていたため、「川辺地区には誰もいない」と災害直後には支援物資の分配や炊き出しなどの支援活動は行なわれていなかった。

ほかの地区で炊き出しをしていた市議会議員が、川辺でも炊き出しを行なってくれる話がやっと持ち上がったのは、発災から1カ月以上が過ぎた頃。槙原さんも縁あってその炊き出しを手伝うことになる。だが、当初はその議員自身も「川辺地区には人がほとんど残っていないから、誰も来ないんじゃないか」と危惧していた。

しかし蓋を開けてみれば、多くの住民が集まり、3日目にはおよそ300人もの人たちが、食事を受け取るために列を作ったのだ。

「当時、住民のみなさんは、みなし仮設住宅に入られたりして川辺を離れていたのですが、家の片付けのために毎日川辺には来られていたのです。炊き出しでは、近所の親しかった人同士が災害後にはじめて再会できて、抱き合い、喜び合う姿があちこちで見られました。子供たちも久しぶりに友達に会えて、とても楽しそうにしていましたね」

そうした住民たちの姿を目の当たりにして、半信半疑で炊き出しを行なった議員も「川辺にこそ炊き出しは必要だ」と気づき、その後はほぼ毎日実施することになる。

「個々の生活も地域のつながりも、何もかもが破壊された。川辺はゴーストタウンのようでした」

災害直後の川辺地区の様子を、槙原さんはこう表現する。

住民たちはばらばらになり、それぞれに被災した悲しみや将来への不安を抱えながら、避難生活を送っていたはずだ。先行きの見えないそんなつらい日々のなか、親しい人たちと会って話ができる炊き出しの場は、ひとときの安らぎを感じ、お互いの近況を確認し合える貴重な場所だったのだろう。

コミュニティの再生は、災害後の喫緊の課題のひとつである。その一例として、槙原さんら有志グループによる真備町川辺地区の取り組みを見ていこう。

＊＊＊＊

きっかけは、コミュニケーションアプリ「ＬＩＮＥ」のグループトークだった。

槙原さんは、総社市の実家に避難した翌々日ぐらいに、まちづくり推進協議会で一緒に役員をしていた人や子供の学校のＰＴＡの友人を誘って20人ぐらいの「川辺地区みんなの会」というグループを立ち上げた。はじめは主に支援物資に関するやりとりをしていたが、やがて被災ゴミの捨て方や道路の復旧状況、床下の水の抜き方などさまざまな情報を共有するようになった。

槙原さんがＬＩＮＥグループを立ち上げたのは、「地域の情報を交換する場所が欲しかったから」だという。

「私を含め、川辺の人たちはお互いに連絡の取りようがなかったんです。ほかの地区には避難所があったので、住民はそこに行けば知り合いに会えたし、欲しい情報を手に入れることができました。でも、地区全域が被害に遭った川辺では、住民が集まれる避難所もなく、どこに行けば川辺の人に会えるのか、地域の情報や物資が入手できるのか、まったくわからなかったんです」

真備町全体としてのＬＩＮＥグループはあり、当初、槙原さんもそちらに参加していた。だが「真備町地区全域の情報が流れてくるので、情報の範囲が広過ぎるのと、私が川辺の人たちに届けたい情報が届けられない」と感じたため、川辺に特化した情報をやりとりできる独自のグループを作ることにしたのだ。

ほかの住民たちも槙原さんと同じ気持ちだったのだろう。メンバーがそれぞれの友人・知人をグループに招待すると、みな次々に参加して、「川辺地区みんなの会」の登録者数は徐々に増加。８月末には２００人ほどになっていた。

そうしたオンライン上でのコミュニティができつつあったとき、先述の炊き出しの話が槙原さんのところに舞い込んできた。

「ある人が、市議さんと私をつないでくれたんです。まちづくり推進協議会でもともと地域の活動にたずさわり、災害後は『川辺地区みんなの会』というＬＩＮＥグループを作っていたので、『槙原さんなら、情報発信の手伝いができるんじゃないか』と私のところに連絡をくれて。それで市議さんと私が中心となって、炊き出しの日程調整や被災者の受け入れの準備をしていくことになりました」

ただ、この時点では、活動体制と呼べるようなものはなく、実質的に槙原さんがひとりで走りまわっている状況だった。

朝から15時半までは仕事をして、16時に川辺小学校に来て、その日の炊き出しの打ち合わせ。17時に住民が集まりはじめると列の誘導などをして、18時から配食開始。その後、すべての食事を配り終え、片付けが終わるのが20時頃で、それから帰宅。そんな毎日をしばらくの間、槙原さんはひとりで必死にこなしていたのだ。

「うちは実家が建設業で、水害保険にも入っていたので、8月末には最低限のリフォームを終えて、自宅に戻ることができていたんです。だから、早い段階で支援する側にまわれました。でも、ほかの人たちの被災状況は、聞けば聞くほど悲惨で……。それがわかっていたから、炊き出しがどれだけ忙しくても、私から『手伝ってほしい』とは言えなかった。手伝いのできる人が自発的に名乗り出てくれることを待っていたんです」

幸い、槙原さんの孤軍奮闘する姿を見て、「何か手伝おうか」と声をかけてくれる人がひとり、またひとりと増えていき、徐々に手分けして作業できる体制も整っていく。

毎日炊き出しをするなかでもっとも苦労したのは、情報の伝え方だった。先述したように、川辺地区の住民は被災してほかの地区の避難所やみなし仮設住宅、親類の家などに散り散りになっていたため、炊き出しを行なっていることを広く知らせる手段がなかったのだ。槙原さんはＬＩＮＥグループに発信したり、自分の家の前に案内看板を出したりと、できるかぎりの情報の拡散を試みた。それでも「炊き出しの知らせが届いていない」と住民から苦情を受けることがたびたびあった。

炊き出しの日々が一段落ついたのは10月中旬。地区内のスーパーマーケットの営業再開が決まり、そのタイミングで炊き出しを終えることにした。

とはいえ、川辺地区の住民の多くは、依然として地区外のみなし仮設住宅などで暮らし、川辺に戻ってこられるめどが立っていなかった。

「炊き出しを終えても、人が集まれる場所は欲しいよね」

仲間たちのなかからは、そんな声が自然と上がった。

そこで槙原さんたちが新たに立ち上げたのが、川辺復興プロジェクト「あるく」だった。炊き出しと同じ川辺小学校のグラウンドに、地元企業から借りたプレハブを設置。その10畳

支援物資のパンを住民に配る、槙原聡美さん（右）ら「あるく」のスタッフたち

ほどのスペースを拠点として、さまざまな活動を展開していくことにした。活動名には「住民同士で一緒に歩いていこう」との想いを込めている。

活動のスタートは、炊き出し最終日からわずか５日後の10月18日。核となるメンバーは、ともに炊き出しに奔走していた槙原さんや松田さんら、地域の女性たち十数人だった。

住民の声を活動に反映

まちづくり推進協議会という既存の地域組織があり、槙原さん自身その役員でありながら、なぜ「あるく」という別の組織を発足させたのか。それには明確な意図があった。

協議会として活動するには、ほかの役員にもはかって承認を得なければならない。ただ、当時は役員たちも被災していたため、「みんなで話し合って」では事が進まない状況だった。

「たしかに住民のみなさんは『まち協』という看板になじみがあったので、まち協として動けば、特に高齢者の方にとっては安心感もあっただろうと思います。でも、災害後という非常時においては、SNSなどのツールを駆使して、スピード感を持って動いていかなければなりません。それを実現するには、協議会とは別の組織を作り、自分が代表になることが一番だと考えたんです」

とはいえ、自分のような若手が勝手に別組織を立ち上げて動けば、ほかの役員たちはいい気持ちがしないかもしれない。そこで協議会の先輩であり、公私にわたって世話になっていた松田さんに相談した。

「松田さんは協議会の上の人たちに『今は槙原さんがやりやすいように見守ってあげてね』『彼女を止めないでね』と繰り返し話をしてくれたんです。松田さんが間に入ってくれたおかげで、表立って反対されることもなく、安心して動くことができましたね」

活動の方針は主にふたつ。ひとつは「みんなが集える場所にすること」。住民がふらっと訪れてお茶を飲みながらおしゃべりしたり、気持ちが晴れないようなときに愚痴でも何でも話をしたりできるよう、毎日9時から12時の間、スタッフが常駐。住民が自然と集まれるサロン的なスペースを目指した。

もうひとつは「住民から求められるものをできるかぎり提供していくこと」。活動をはじめた頃は、住民たちは相変わらず生活物資が足りていなかったので、支援物資の配布や0円フリーマーケットを実施。以前のように毎日ではないが、「あるくDEホッとランチ」と名付けた炊き出しも定期的に行なっている。

外部のさまざまな団体・組織が支援を申し出てくれるようにもなり、ミュージシャンによるミニライブや「アロマハンドトリートメント（マッサージ）」「薬膳茶の会」「指編みの会」「写真洗浄会」など趣味や娯楽のイベントも開催しているほか、幼稚園の子供たちへのクリスマスカードのプレゼント、正月飾り作り、雛飾り作りといった季節ごとの企画やイベントも実施している。

「地域の拠りどころとなり、住民同士がつながりを実感できる場所にしていきたい」と槙原さんは話す。

地域のための活動を行なう場合、大事なことは「いかに住民のニーズをとらえるか」である。被災者の環境やニーズは刻々と変わっていく。支援活動を行なう人たちがどれだけ強い想いを持っていても、住民のニーズと乖離してしまっては、その活動はただの自己満足となりがちで、住民の生活や地域の再建にはつながらない。

その点、槙原さんに抜かりはなかった。

2018年12月までに、LINEグループ「川辺地区みんなの会」の登録者に計4回のアンケートを実施。そのときどきの住民の状況や要望を把握してきた。8月末時点で200人ほどに増えていた登録者数は、9月11日で360人、9月22日で420人、12月31日で550人と右肩上がりとなっていた。

1、2回目のアンケートは「あるく」の発足前に行なっている。まだ炊き出しをしていた頃、住民たちに話を聞くと、本人は川辺地区に帰ろうとしているのに、「ほかの人は帰ってこないんじゃないか」「地域のための活動も必要ないんじゃないのか」とネガティブな声が多かった。そこで1回目のアンケートでは「川辺地区に戻りたいと思いますか？」という質問を投げかけたのだ。

「すると、90・4%の人が『はい（戻りたい）』と答えてくれたんです。これだけの人が『帰りたい』と思っているのであれば、やっぱり動ける人間が地域を盛り上げる活動をしていくか

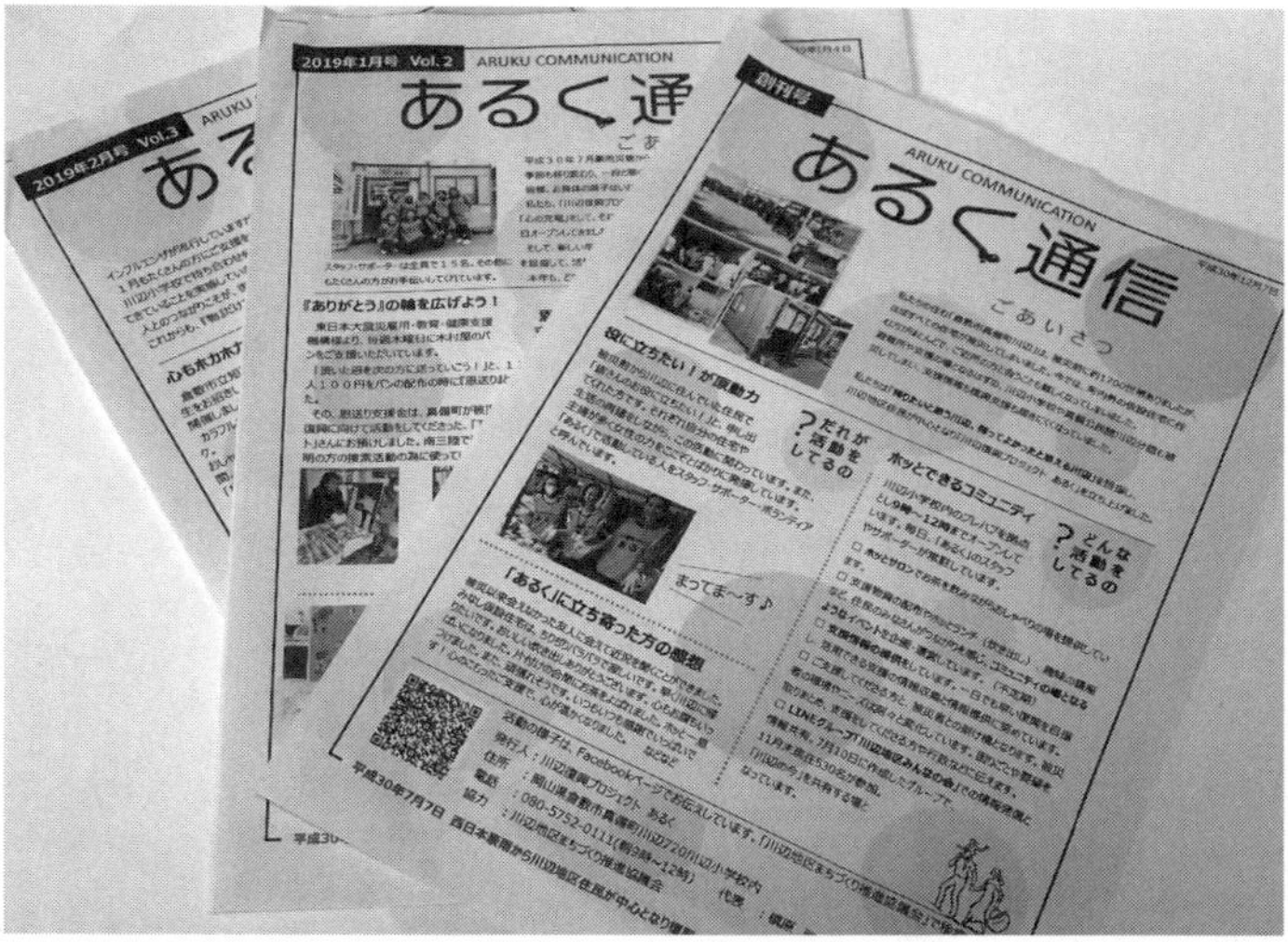

倉敷市役所に協力してもらい、川辺地区の全世帯に郵送している「あるく通信」

なければならないんだと再確認できました。また、2回目のアンケートでは食事について聞いたのですが、『自炊しない（できない）理由』として6割近くの方が『気力がない』と答えたんです。その結果を見て、住民同士で集まって気晴らしができるスペースはやはり必要だな、と。こうしたアンケートの声が『あるく』につながっているんです」

炊き出しのときと同じように、散り散りになった住民たちに自分たちの活動を知ってもらうことも大きな課題であった。LINEグループ「川辺地区みんなの会」は数百人規模に広がっていたが、被災前に川辺地区に暮らしていたのは約1700世帯。

伝えるべき人たちはまだまだ大勢いた。そこで倉敷市に協力してもらい、自分たちで作成した「あるく通信」というA4サイズのおたよりを、市が把握している川辺地区の全世帯宛てに郵送する取り組みを12月からはじめた。

通信が届いた住民からは好意的な反応が数多く返ってきた。

「川辺には行けないけれども、川辺の情報が届くだけでも心強い、と言ってくれる人もいました。私たちが川辺で活動していることで、今は川辺にいない住民のみなさんの力にもなっているのであれば、私たちのやっていることに意味はあるのかなと思っています」

槙原さんたちの理想は、あるく通信が川辺地区の全住民の元に漏れなく届けられることだが、やはりそのハードルは高い。最初、送っている本人である槙原さんや松田さんの元にも届かなかった。槙原さんは早い段階で両親の家から自宅へ戻ったために市の名簿から抜け落ちてしまったようで、松田さんは、みなし仮設住宅に入っているが娘夫婦の同居人という扱いのため、やはり名簿から抜けてしまったようなのだ。住民は被災後、避難所やみなし仮設住宅に入ったり、リフォームした自宅に戻ったりと、住まいを転々とする。市としてもその動向を正確に把握できているわけではなく、2019年1月の取材時点で「まだ200〜300世帯は抜けているんじゃないか」と松田さんは言う。

こうした地域に関わる活動をしていると、往々にして賛否両論があるものだ。特にあるく通信の全世帯への郵送は、市に依頼——つまり市の公金を使っているため、ほかの地区の住民からは「その情報を送ることは本当に必要なのか」「郵送費を別の復興事業のために使うべきではないのか」と苦言を呈されることもあるという。

それでも槙原さんは揺るがない。

「私たちの考えでは、川辺地区はほぼ全域が被災して住民がバラバラになっているので、情報だけでも全員に届けないといけないと思っています。それに何をしても、賛同してくれる人がいる一方で、反対する人も必ずいます。全員が満足するものを求めたら、何もできません。だから、反対や批判があるのは認識しつつ、自分たちが今、地域のために必要だと思うことを信じてやっていくしかないんじゃないでしょうか」

広がる復興活動の輪

活動の輪は日々広がってきている。

「あるく」をはじめた当初、槙原さんたち「あるく」のスタッフやさまざまなイベントを行なうボランティアは支援する側で、大半の住民は支援される側だった。しかし、災害から半年ほど経ち、地域のために動ける人たちも以前より増えているだろうと、住民が主体的に参加できる取り組みもいくつかはじめた。

そのひとつが、封筒のメッセージ書きだ。

あるく通信を郵送しているのは倉敷市の封筒で、「あるく」というプロジェクト名を書いたりはできなかったが、一言メッセージを書くことはできた。

「私たちとしては、川辺の情報とともに、さらに心や気持ちも一緒に届けたいな、と。そこで1700世帯分の封筒すべてにメッセージを書くことにして、それをスタッフだけでなく、『一緒にやりませんか』と広く住民のみなさんに呼びかけたんです。書きに来てくれる人はぼちぼちいます。先日は、元は川辺に住んでいて、今は別のところで暮らしている19歳の大学生がわざわざ訪ねてきて、メッセージを書いていってくれたんですよ」

住む人が減ったことで防犯面を心配する住民の声を受けて、有志の防犯パトロールも実施している。これにも住民が参加しやすいよう、専用の黄色いベストを作り、ウォーキングやペットの散歩のついでにそのベストを着てもらい、「ながらパトロール」で地域を見守ってもらえるようにした。

被災者のため、地域のため、何かをしたいと思っている住民は少なからずいる。「あるく」はそうした人たちの受け皿になりつつあるのだ。

槙原さんも松田さんも「『あるく』の活動はこれからが正念場」だと話す。

これまでは「物資が欲しい」「炊き出しをしてほしい」「情報が欲しい」と住民のニーズがわかりやすく、求めているものを提供すれば満足してくれた。だが、最低限の生活が送れるようになり、住民のニーズはこれから多様化していくだろう。まちづくり推進協議会など既存の組織も活動を再開するはずで、それら既存組織との共存や差別化も考えていかなければならない。

住民のなかからは「災害から半年以上経ったし、もう『あるく』って要らないんじゃないの？」という声さえ聞こえてきている。

しかし、槙原さん自身は「私たちの役割は、まだしばらくある」と語る。

「将来的には『あるく』を、住民が自分の得意なことを活かしながら町のために力を発揮できる場所、誰もが地域のために何かができる場所にしていければいいなと思っています。

人って何かがなくなると、つい元に戻そうとしますよね。けれど、川辺に関していえば、元に戻ってはダメだと思うんです。災害を通じてわかったこと、見えてきたことがたくさんあります。ここでちゃんと立て直しておかないと、次に何かが起こったとき、本当に立ち直れなくなってしまう。だからこそ、災害の経験を踏まえて、もっといい町に変えていかないと、と思っているんです」

2014年広島土砂災害の被災地の〝今〟

「あるく」がこれからどうなっていくのか。ふたりが口を揃える「正念場」を乗り越え、川辺地区の新しい町づくりの一翼を担うようになっていくのか。それとも非常時の住民支援という役割を終えて、なくなってしまうのか。今の時点では、まだわからない。

ただ、ふたりの話を聞いて、未来につながっていきそうな希望を強く感じた。

というのも、「あるく」の活動には、西日本豪雨以前の災害の被災地で取材した話と通じる部分がいくつもあったからだ。

その災害とは、2014（平成26）年の広島土砂災害だ。広島市の安佐北区や安佐南区で

1時間あたり最大で80〜100ミリを超える猛烈な雨が降り、同時多発的に発生した土石流によって77人（うち関連死3人）が亡くなった。土砂災害では、1983年に島根県で87人が死亡・行方不明となった「昭和58年7月豪雨」以来の大規模災害であった。

その被災地のひとつ、安佐南区八木3丁目の「復興交流館モンドラゴン」を訪ねた理由は、災害後半年から1年という短いスパンではなく、より長い期間にわたって地域の再生に関わってきた人びとの話を聞きたかったからだ。

モンドラゴンの活動で特筆すべきことは、災害伝承施設の建設を実現させたことだろう。有志による任意組織として発足したモンドラゴンは、その立ち上げのときから「復興交流館の制度化（3〜5年で地域のシンボルとなるような恒久的な制度・施設の建設を目指す）」という目標を掲げていた。

その目標は、災害から4年後の2018年に住民主体で構想をまとめて市に提出した「復興まちづくりプラン」の柱となり、現在は2021年度の開館に向けて着々と計画が進んでいる。

モンドラゴンのような住民有志による交流拠点が設けられることは、大規模災害の被災地においては珍しいことではない。モンドラゴンの事務局長・松井憲さん（67）も「土砂災害のあと、このあたりにも自治会などの地域活動をやってこられた方が作った、住民が集まれるサロンのような場所はいくつもありました」と述べる。だが、そのほとんどは、災害後1年も経過するとなくなってしまった。

では、なぜモンドラゴンは、同じような住民有志による組織であったにもかかわらず、災害後4年以上経った今も活動を続け、さらに当初掲げた自分たちの目標を行政・住民が一体となった町づくりの計画に組み込むことができたのだろうか。

発端は、2015（平成27）年にさかのぼる。

＊＊＊

われわれ住民が主体となって地域のために何かできないか——長年、民生委員として活動してきた畠堀秀春さん（62）のなかにこんな想いが湧き上がってきたのは、災害から1年ほど経ち、日々の生活もやっと落ち着きはじめた頃だった。

「何もかも行政任せで、あれをしてくれ、これをしてくれ、と要求するだけではダメだと。そうではなく、住民自身が地域の将来像を考えながら、行政と両輪となって地域づくりを進めていく。そのために誰かが声を上げて、動かなければいけないと思ったんです」

畠堀さんがまず考えたのが、高齢者の心のケアだった。被災して生活環境が大きく変わっ

モンドラゴンでは、広島県民のソウルフードであるお好み焼きも提供している。中央に座るのが、館長の畠堀秀春さん

たとき、その影響をもっとも強く受けるのはやはり高齢者だ。実際、畠堀さんの母親も、災害後に避難所生活のストレスから体調を崩した。お年寄りたちが集い、互いに世間話でもして、日常を少しでも取り戻せる場所を作れないか。はじめはそんなイメージがあった。

活動の拠点とするため、自身の土地の一角にプレハブを建てることは決めていた。ただ、自分だけでは事を進めるのは難しいだろうと考え、「この人ならば、力になってくれるはず」という人たちに声をかけた。そのひとりが松井さんだった。

畠堀さんと松井さんは別々の自治会に属しており、災害前に面識はなかった。はじめて話をしたのは、災害後に開かれた行政による住民説明会の帰り道。既存の自治会や自主防災会への疑問や不満を言い合い、「今の環境をなんとか変えないといかんよね」「何かやるのであれば、一緒にやろう」と意気投合していた。

畠堀さんに声をかけられ、これからの活動の方向性について話し合うミーティングにはじめて参加した松井さんは、そのときの印象を「みんなの意見がてんでばらばらで、まったくまとまっていなかった」と振り返る。

「畠堀さんはお年寄りをメインに心の復興をテーマにしていきたい考えだったのですが、ボランティアで参加してくれていた外部の方からは『コンサートやカフェを開こう』とか、『亡くなった方たちを追悼する祈念館を造ろう』という話が出ていたんです。そこでまず、一人ひとりの考えを聞いていき、その上で『やるべきはやはりこういうことだよね』とコンセプトをまとめていきました。それが『復興と伝承』だったのです」

復興とは、ひとつには「住民相互のコミュニティの再生」で、復興交流館を拠点に勉強会やセミナー、イベントなどを実施。交流館のプレハブ内には、住民たちが日常的に訪れやすいように、広島県民のソウルフードであるお好み焼きを作る鉄板とカウンターを設け、お好み焼き店として営業もすることにした。また、「災害弱者への支援」も掲げ、一人暮らしの高齢者への情報伝達や生活支援、子供たちへの防災・減災学習も盛り込んだ。

伝承は、住民の防災意識を高めるための手段であり、写真や説明パネルを通じての被害実態や救援活動の伝達、防災・減災教室の開催、各種災害資料の収集と保存などを行なうことにした。そして、恒久的な伝承のため、先述した「復興交流館の制度化」も目標に掲げたのだった。

ちなみに「モンドラゴン」という名称は、フランス語で「山」を意味する「モン（mont）」と「龍（ドラゴン）」を組み合わせた造語で、八木地区に古くから伝わる大蛇伝説に由来している。

「モンドラゴンは、お好み焼きを提供するなど住民のサロンになることも意図していましたが、ただ人が集まって話をするだけの場所にするつもりはありませんでした。コンセプトに掲げた『復興と伝承』の拠点とすることが、われわれの目的だったんです」（畠堀さん）

広島市の「協同労働プロジェクト立ち上げ支援事業」に応募し、その補助金を利用して、晴れてモンドラゴンがオープンしたのは２０１６（平成28）年4月3日のことだった。

被災者と行政をつなげる仲立ち役として

真備町川辺地区の「あるく」がそうだったように、地域のために動き出したモンドラゴンも、すべての人から諸手を上げて歓迎され、理解されたわけではなかった。

まだオープンする前、協力をお願いしたある人からは「災害からもう2年も過ぎているのに、なんで今頃?」と言われた。「お好み焼き屋なんて、何の面白みもない」と自分たちを批判する声が人づてに聞こえてくることもあった。

それでも「何を言われても気にしなかった」と館長になった畠堀さんは言う。

「自分たちは、地域のために何ができるだろうと真剣に考え、話し合って、モンドラゴンを作ったんです。どんな活動でも必ず賛否両論があります。ならば、反対や批判する人のことは気にせず、同じ想い、同じ歩調で前に進んでいける人に来てもらって、一緒に何かしていければいいと、そう考えていました」

「復興と伝承」というビジョンは明確だったが、そのビジョンを具体化する方法については、立ち上げ時に決めた防災教室や講演会、災害に関する展示のほか、「みんなの意見を聞きながら、自由にやっていった」と畠堀さんは話す。

たとえば、ある住民からは、高齢者向けに詐欺対策の寸劇をやってくれないか、という話が舞い込んできた。聞けば、以前畠堀さんが地域の防犯委員を務めていた際、防犯の寸劇をしていたのを思い出し、それで依頼をしてきたという。自分たちが寸劇をすることは当然想定していなかったが、畠堀さんも松井さんも「地域のコミュニティづくりのきっかけになれば」と喜んで引き受けた。

災害の伝承のためにさまざまな資料を集めて展示していたら、いつしか県や市の議員、ほかの自治体の職員、消防団、大学などの研究機関が、被災地の情報を求めて訪ねてくるようにもなった。八木地区の山間部に土砂を監視するカメラを設置したいという広島市立大学の研究室には、地元の人間として設置場所の提供やアドバイスをした。ほかの被災地の方との横のつながりもでき、合同で被災地の取り組みに関するセミナーを開催したこともあった。

「外部の方たちが広島の土砂災害について調べたい、知りたいというとき、市や県に問い合わせをすると、たいていうちにまわされるんです。というのも、行政としては２０１４年の土砂災害に関して公的な施設は持っていないし、資料などがまとまっている場所もないからです。われわれはあくまで地域のため、住民のために活動をはじめたので、こうして外部の方たちのお役に立つことは、当初、想定していませんでした」（松井さん）

加えて、住民と行政の仲介役も積極的に買って出ている。

たとえば、地区のお年寄りから義援金の申請など対行政に関する相談事があると、手続きのアドバイスをするだけでなく、「区役所○階の△△の窓口に□□さんという人がいるから」と応対してくれる担当者の名前を伝えた上で、さらにその担当者に「○日に□□というおばあちゃんが行くから、よろしく」と連絡を入れておく。そうすれば、お年寄りは安心して区役所に行けるわけだ。また、住民からの要望があると、意見を取りまとめて行政の担当者に伝える。

「行政としては、個々の要望だけでは動きづらいのですが、ある程度まとまった数の住民からの嘆願であれば動きやすい。その取りまとめをわれわれがやっているのです」（松井さん）

そうした地域住民のための活動が評価されたのだろう、市や県の協力も得られるようになり、行政の施策に関する資料や情報も集まりやすくなっていった。もらった資料はモンドラゴン内に掲示した。住民は自由に見に来て、畠堀さんや松井さんから説明をしてもらうことで、道路や砂防堰堤の工事計画や進捗状況などを気軽に知ることができるようになった。

２０１６（平成28）年5月に梅林学区に「復興まちづくり協議会」が発足すると、畠堀さんらモンドラゴンの役員数人も参加した。畠堀さんはコミュニティ部会の部会長に指名され、その部会でモンドラゴンの目標であった「恒久的な復興交流館の制度化」について、ほかの委員や市から派遣された職員やコンサルタントとともに検討を進めた。

はじめはモンドラゴンの役員以外の委員のなかには「もう災害のことは忘れたい」「交流館なんかにお金をかける必要はない」という反対意見もあった。しかし、これまでモンドラゴンにどのような人たちがどんな目的で訪れたかの一覧を見せると、「これだけの人が来てくれるのであれば、やはりきちんと造るべきだ」と全員賛成に流れが変わった。その結果、２０１８年1月に市に提出した「復興まちづくりプラン」にも災害伝承施設の計画を盛り込むことができた。

復興まちづくりプランをもとに、２０１９年2月には災害伝承施設の構想を具体化させ、官民で役割分担をしながら運営していくこと、被災者による伝承活動をしていくこと、防災教育や交流に活用できる研修室を設けることなどが決まった。

「現時点ではまだラフな計画ですが、建設に向けて行政と住民が一体になって動くことができています。今後はこの施設でどういった防災教育をしていくのかを考えていかなければなりませんが、われわれが当初思い描いていたことが実現するめどがついて、今は一段落したと感じています」（松井さん）

こうした幅広い活動ができたことについて、畠堀さんは「運営に関わってくれた、みんなの力です」と言い、松井さんもうなずく。

「それぞれが持っている知識や経験、スキルを出し合い、地域のために活動していこうとこれまでやってきました。それが上手くいった理由だと思います」

大きな被害を出した土砂災害から数年を経て、今まさに「住民による、住民のための町づくり」「行政と連携して、住民が主体となった町づくり」が実践されているのだ。

モンドラゴンと「あるく」の共通点

モンドラゴンが、被災者同士で集まって話をするサロン的な場で終わるのではなく、その後のコミュニティの再生や地域づくりにまで関与できる組織になったのには、いくつかの要因がある。

ひとつは、自治会や自主防災会など旧来の町づくり組織とは異なる、新しい枠組みの組織だったこと。畠堀さんと松井さんは別々の自治会に属し、畠堀さんは「自分の自治会の役員には誰も声をかけなかった」という。いわばモンドラゴンは従来の自治会の枠を超えた組織だった。

新しい枠組みの組織を作ることは、いくつかのメリットがある。まずは既存のしがらみがないゆえの自由さ。また、往々にして旧来の組織は年功序列であるため70代や80代の高齢者が役職についているが、新しい組織を作れば若い世代がリーダーシップをとりやすくなる。結果、志ある住民が自らの持っている知識や経験を発揮して、新たな活力を生み出し、これまでになかった斬新な取り組みを行ないやすくなる。

ふたつめは、明確なビジョンを持っていたこと。モンドラゴンは立ち上げの時点で「復興と伝承」を活動のコンセプトとして定め、3～5年間で地域のシンボルとなるような恒久的な復興交流館の建設という目標を掲げていた。ビジョンがあればこそ、どんな多様な活動を展開しようとも軸はブレず、目標に向かって歩んでいくことができる。また、そのビジョンに共感する仲間や協力者を集めやすく、仮に反対意見が聞こえてきても、それに負けない強さを持つことができたのではないだろうか。

3つめのポイントは、住民とのつながりだ。どれだけすばらしく見える活動でも、住民のニーズや想いと乖離してしまっては、住民の支持を得られず、地域の再生には結びつかない。

モンドラゴンはその出発点において住民（特に高齢者）の心の復興を重視していたし、住民の要望をまとめて行政に届ける役割も担ってきた。それはもともと地域の民生委員をしていた畠堀さんの存在が大きかったのかもしれないが、常に被災者の立場で活動し続けたからこそ、一定数の住民からの支持を得られたのだろう。

そして4つめのポイントが、3つめとも関連するが、行政との協力体制を構築できたことだ。どれだけ住民が声を上げても、行政が動いてくれなければ、復旧・復興はスムーズに進まない。そのために畠堀さんや松井さんは住民の意見をまとめて行政に届け、行政側が動きやすい状況を作ることに心を砕いてきた。

行政と住民の仲介役となれたことで、行政からの情報も集まりやすくなり、「モンドラゴンに行けば、（区役所や市役所に行かなくても）復旧・復興の最新情報が得られる」と住民に喜ばれている。加えて、市に問い合わせのあった外部団体の対応を依頼されるなど、行政から頼られる面も出てくるようになった。

行政と連携するには、すべてを行政任せにするのではなく、「自分たちにできることは自分たちでやる」という自立した姿勢が不可欠である。その姿勢は、官民で役割分担して運営をしていく予定の災害伝承施設にも活かされている。

以上の点を踏まえて、あらためて真備町川辺地区の「あるく」の活動を見てみる。「あるく」が、もともとあったまちづくり推進協議会とは別の、槙原さんを中心とする新しい枠組みの組織であることはすでに述べたとおりだ。まだ30代の槙原さんがリーダーシップをとり、地域への想いを持つ住民たちを巻き込んで活動を広げている「あるく」の姿は、「各々が持っている知識や経験、スキルをそれぞれに出し合い、地域のために活動してきた」というモンドラゴンの松井さんの言葉と重なる。

次にビジョン。槙原さんの中では、活動の段階に応じて「帰りたくなる川辺、帰ってよかった川辺」「川辺を元気に。つながりのある町づくり」「生きがいのある町づくり」というテーマを設定し、あるく通信やＳＮＳで情報を発信するときにもそのメッセージを込めてきた。単に「住民が集まれる場所を作る」だけではなく、「それは何のためか」「どのような町づくりにつなげていくか」という一段高い視点も常に持っているのだ。

そうしたテーマは、ＬＩＮＥグループ「川辺地区みんなの会」の登録者を対象に行なったアンケート結果をもとに考えている。日々の活動内容もアンケートをもとに企画し、２０１８年12月に実施した第４回住民アンケートでは「『あるく』の活動でよかったこと」「これから期待する活動」「『あるく』を利用しない理由」など活動への評価もしてもらった。

つまり、自分たちの想いだけでなく、常に住民の想いやニーズを把握し、それに寄り添おうとしてきたのだ。

２０１９年3月には、住民有志のほか、倉敷市や支援団体の人びと、約80人が一堂に会して、「川辺みらいミーティング」を開催。参加者全員で、川辺のために自分ができること、地域としてこれからやっていきたいことについて話し合った。

住民が困っていることや要望を取りまとめて、支援者や行政などに伝える活動も、発足当初から行なっている。行政とのパイプは、松田さんが長年まちづくり推進協議会で活動してきたおかげで構築できており、想いを率直に吐露できる顔見知りの職員もいるという。

＊　＊　＊

災害からの復旧・復興には長い年月がかかる。

モンドラゴンのある広島市安佐南区の八木・緑井地区や、新建団地（第3章参照）が広がる安佐北区の可部東地区など、２０１４年の広島土砂災害の被災地では災害から4年以上過ぎた今でも砂防堰堤や道路などのインフラ工事が行なわれており、復興まちづくりプランに基づいた再建計画の具体化はこれからである。

発災からまだ1年も経っていない西日本豪雨の被災地は、復旧・復興の長い道のりの、ま

県営緑ヶ丘住宅の敷地内に立つ、広島土砂災害の慰霊碑。犠牲者の名前や豪雨の様子などが記されている

八木・緑井地区では、災害から４年以上経った今も砂防堰堤の工事が行なわれていた

さに第一歩を踏み出しているところだ。

「あるく」はこれからどんどん変わっていくだろう。それでも、モンドラゴンと同じように被災者自身が、地域のため、住民のために、人びとを巻き込みながら行なっている活動は、きっと未来の新しい町づくりにつながっていくはずだ。

総社市役所と下原地区との強い連携

住民と行政の連携という点では、総社市下原地区も理想的な関係を築けている。

発災時、総社市の災害対策本部から全戸避難の指示が出されたとき、市が公用車6台を出して住民の避難行動を支援したことは第2章で述べた。

災害後の復旧作業においても、市は迅速かつ的確な支援の手を住民たちに差し伸べた。

避難指示が解除された5日後の7月13日には、下原公会堂に社会福祉協議会の災害ボランティアセンターサテライトとともに、市災害対策本部下原出張所を開設。部長クラスを含めた3、4人の職員を常駐させた。市役所まで行かずとも、住民たちが罹災証明書の発行手続きやもろもろの相談ができる体制を整えたのだ。

14〜16日の三連休には、1日500人ものボランティアが全国から集まり、がれき撤去を集中して行なった。地区の住民およそ350人を上回る大勢のボランティアが集まったのは、総社市の片岡聡一市長がSNSで呼びかけ、その情報が拡散されたためである。

その後も、総社市が災害時応援協定を結ぶ全国の自治体職員や、同じく協定を結ぶ国際医療NGO「AMDA（アムダ）」の職員が、一般ボランティアや近隣の住民、消防ボランティアとともに下原地区を訪れ、復旧作業を急ピッチで進めていった。

住民、ボランティア、そして行政が三位一体になって動けていたことは、下原自主防災組織副本部長の川田一馬さんが語る次のエピソードからも伝わってくる。

「復旧作業の期間は毎朝、朝礼を行ない、その日の予定を全員で確認し合っていました。公会堂前に住民、ボランティア、市の職員など100人前後が集まる様子は圧巻でした。また、朝礼の前には必ず、われわれ自主防災組織の役員、ボランティアをまとめる社会福祉協議会、市の職員で打ち合わせをしていたんです。下原出張所の所長には部長級の職員が入ってくれて、多くのことを現場で即断即決してくれました。だからこそ、スピーディな復旧ができたんだと思います。本当にありがたかったし、感謝しています」

それにしても、なぜ下原地区では行政と住民（自主防災組織）が協力体制を築くことができたのだろうか。その要因は、双方それぞれにある。

まずは住民側。下原自主防災組織は、第3章でも述べたように、日頃から防災活動に熱心に取り組んできた。災害時の対応は往々にして行政依存に陥りがちだが、川田さんは「われわれは行政を当てにはしていません」とはっきりと言う。いざというときに備えて、避難経路の整備や安否確認表の作成、避難訓練などを行なってきたのも、「自分たちの命は自分たちで守る」という自立した姿勢ゆえである。

ただ、「行政を当てにはしない」とはいっても、行政との関係を断っているわけではない。むしろ基本は自分たちで主体的に動きながらも、たとえば避難訓練の際には市の危機管理室の職員に事前に相談に行ったり、必ず案内を出して当日参加してもらったりしている。

「（川田）一馬さんは市役所にしょっちゅう来られていますよ」

そう話すのは、総社市危機管理室の小池初男さん。

「危機管理室だけでなく、地区の民生委員をされているので、福祉課や社会福祉協議会とのつながりがあり、顔見知りの職員も多いと思います」

そうした日頃からのコミュニケーションがあるからこそ、発災時の避難指示や復旧時のやりとりでも、行政から住民への一方的な情報の伝達ではなく、川田さんが言うところの「キャッチボール」ができるのだ。

協力体制は互いが自立していてこそ成立する。災害後の復旧作業において、下原地区の住民が行政におんぶに抱っこではなく、役割分担をしながらスムーズに動けたのも、彼ら自身が「自分たちのことは自分たちでやる」という自立した意識を持ち、行政と意見のキャッチボールができる信頼関係を築けていたからだろう。

では、行政側、総社市の防災への取り組みはどうか。

総社市もほかの多くの自治体と同じように、自主防災組織の結成率を高めるため、補助金（現在の名称は「地域づくり自由枠交付金」）の交付を行なってきた。また、地域の防災リーダーとなる防災士の資格取得を支援するための補助金制度もある。実際、下原自主防災組織で防災士として活躍する渋江隆司さんも、この制度を利用して資格を取得した。

ただ、右のような住民の防災活動への支援は、ほかの自治体も行なっており、特別珍しいものではない。

総社市の活動としてもっとも注目すべきは、やはりほかの被災地への支援活動である。総社市は近年、日本各地で災害が発生すると積極的に職員を派遣して支援を行なっている。その発端となったのは、２０１１（平成23）年1月のブラジルの豪雨災害だった。

最初がブラジルというのは意外だったが、背景にはその2年前に連携協定を結んだ国際医療ＮＧＯ「ＡＭＤＡ（アムダ）」との関係がある。ＡＭＤＡとの協定は当初、市内で暮らす外国人との多文化共生に関して協力していくために締結したものだったが、ＡＭＤＡが国際医療ＮＧＯであったことと、総社市には当時ブラジル人が数多く在住していたことから、ＡＭＤＡと協力してブラジルの被災地の支援を行なうことになった。

同年3月に発生した東日本大震災でも、ＡＭＤＡとともに数多くの職員を東北の被災地へと派遣した。この東日本大震災の経験から、翌々年の２０１３年には全国に先駆けて「総社市大規模災害被災地支援に関する条例」を制定し、市長の権限において市のお金を使って即座に被災地支援が行なえる体制を整えた。以後、２０１４年の広島土砂災害、２０１５年の関東・東北豪雨、２０１６年の熊本地震、２０１７年の九州北部豪雨、２０１８年の北陸豪雪と、日本各地で発生する自然災害の被災地に職員を派遣して支援活動を行なうようになる。２０１７年9月には「総社市大規模災害被災者の受入れに関する条例」を制定。条例の目的は、総社市内に居住を希望する市外の被災者のために住宅所有者との交渉を行ない、避難生活支援金を支給して生活の再建に寄与することで、やはり全国初の試みであった。

こうした被災地の支援活動は、もちろん被災地のために行なっているのだが、一方で総社市にとっても大きなメリットとなっている。

職員たちは支援活動を通じて、被災地の現場を直に体験し、災害によって傷つき、困難に直面している人びとと接してきた。東日本大震災後の被災地支援活動についてまとめた『総社レポート 47の提言 〜ＮＰＯとの共同活動が教えるもの〜』には、被災地に入った延べ47人の職員がどんな経験をして、何を感じたかが詳細に綴られ、その経験をもとに考察された47の提言が示されている。それは自治体の防災対策の指針となるものであり、表紙に書かれた「法を超えて 命を救う」という言葉からは総社市の本気と覚悟が伝わってくる。

そうした被災地での経験こそが、職員たちの防災意識を高め、「西日本豪雨の際にも活かされた」と危機管理室の小池さんは話す。

たとえば、仕分け作業や避難所への運搬にかかる負担から、個人による支援物資を断る自治体が多いなか、総社市では最低限の仕分けだけ行ない、あとは被災者に自由に取りに来てもらう「無料フリーマーケット方式」を採用し、個人支援も積極的に受け入れた。欲しい人が欲しいものを自ら取りに来る。こうした柔軟な対応ができたのは「東日本大震災のときの経験があったから」と小池さん。

「仮に100人避難している避難所があったとして、そこに私たちが60人分の食料を持っていくと、受け取ってもらえないことが何度かあったんです。理由は、全員に行き渡らないから。でも、私たちとしては、全員に行き渡らなくても、まずは子供や高齢者などに優先的に分配すればいいじゃないかと思ったんです。公平性も大事ですが、被災者が求めているものを少しでも早く届けてあげるために柔軟に対応すべきところはする。そうした発想が、個人支援物資のフリーマーケット方式にもつながっているんです」

現場の状況やニーズを把握して、柔軟かつ迅速な対応を行なう市の姿勢は、下原地区でも発揮された。全戸避難を支援するために公用車を出し、出先機関のない下原に臨時の出張所を開設して職員数人を常駐させたことは、まさにその好例だろう。

ほかの被災地を支援することと、自分たちの地域が被災することの間には、当然であるが大きな違いがあり、小池さんは「西日本豪雨時の対応を振り返ってみると反省点も多かった」と語る。

「被災者のニーズはわかっているつもりだったんですが、いざ自分たちが当事者になってみると、足りていないことが多かった。たとえば避難所ひとつとっても、避難所は体育館が一般的ですが、夏場は暑くて使えなかったり、洗濯機などの設備が十分に配置できなかったり

2018年11月30日、下原出張所が閉じられる日、市の職員や地区の住民たちが集まってお別れ会を開いた

と課題は山積みでした」

ただ、これまでの総社市の取り組みを振り返ってみると、自らが被災者となった西日本豪雨の経験から、さらに防災に強い自治体になっていくのではないか。そんな期待感がおのずと湧いてくる。

＊＊＊

「ぜひこの写真を見ていただきたいんです」

取材のとき、下原地区の川田一馬さんがそう言って、一枚の写真を見せてくれた。

写真の説明文には「平成30年11月30日撮影　下原出張所お別れ会」とある。復旧作業の拠点となった下原出張所が閉じられる日、常駐した市の職員や地区の住民たちが集まってお別れ会を開いたときの写真で、みな笑顔でカメラに向かってピースサインをしたり、手を振ったりしている。

「発災時の避難も復旧・復興作業も、われわれ自主防災組織だけではできません。行政側の姿勢や取り組み、また行政と住民が日頃からどんな関係を築けているかも重要になります。その意味で、この写真はわれわれ住民と市の職員との関係性を象徴していると思うんです」

川田さんは「行政と住民との関係性については、下原は成功例」と語る。写真を見て、まさにそのとおりだと私も思った。

支えになった「ふたりの人」と「ひとつの場所」

同じ災害の被災者でも、その胸中に抱いている悲しみや苦しみは人によって異なる。住み慣れた家がなくなった悲しみ。飼っていた愛犬を死なせた悲しみ。家族を失った悲しみ——災害後の喪失感はそれぞれの重さでその人の心に宿り、その重さによって心身のバランスを崩してしまうこともある。

「まわりには家がなくなって悲しんでいる人もいました。私も土石流で家が流され、家財道具もすべて失いました。でも、そこに悲しみは一ミリもないんです」

広島市安芸区矢野東の梅河団地の植木富士子さんは話す。

彼女の悲しみが向かう先は、もちろん息子の将太朗さんの死だ。

人が抱く悲しみは、その人にとっては深刻なものであり、決して軽くはない。ただ、家は建て替えたり、引っ越したりすることができるし、家財道具もまた買い揃えればいい。しかし、亡くなった人はもう二度と帰ってこないのだ。

親しい人、愛する人の死の穴埋めは、ほかのものではできない。それでも喪失感を抱え、悲しみに沈んでいる人を、まわりが支えることはできる。支えるのは、家族や隣人だったり、救助に来てくれた消防隊員や自衛隊員、全国から駆け付けてくれた大勢のボランティアだったりする。被災地を取材するなかで、「一生懸命に片付けをしてくれるボランティアたちに力をもらった」「彼らに恩返しをするためにも、一日でも早く元の状態に戻ろうと思った」という声を聞いた。

では、植木さんの心を支えたのは誰だったのだろう。話を聞くと、娘や両親、姉といった家族はもちろん、「ふたりの人」と「ひとつの場所」の存在が大きかったのではないかと感じた。

ふたりのうちのひとりは、災害当日、自宅に帰れなかった植木さんが一時的に身を寄せたママ友の今田由美さん。

災害の翌日と翌々日、「団地の様子を見に行きたい」という植木さんに今田さんは同行し、それ以降もずっと、自分の仕事が休みの日には植木さんの傍らに寄り添い続けてきた。私が梅河団地を訪れ、植木さんや父親の神原常雄さんの取材をしたときも、植木さんの隣には今田さんの姿があった。

「災害があった翌日、自宅に向かおうとする私に、由美ちゃんが『一緒に行く』と言ってくれたのは本当にありがたかった一方で、『ほんとに来るの？』『大丈夫？』とこっちが心配になりました。だって、そのときは団地がどうなっているのか、まったくわからない状況でしたから。それなのに『行く』と言ってくれた彼女もすごいけど、彼女を送り出した家族もすごいなと思います」

今田さんは植木さんのそばにいて、必要とあらば、食事の準備や洗濯、さらには取材に集まってくるマスコミ払いまで、ありとあらゆる面で植木さんを支え続けた。その親身な対応は、まるで家族のよう……いや、家族以上のものだといっていいだろう。

「由美ちゃんがもともと面倒見のいい性格なのは知っていましたが、ここまでしてくれるとはまったく想像もしていませんでした」

植木さんの心には、家族や友人との時間を犠牲にしてまで自分に寄り添ってくれる今田さんに対して、申し訳ない気持ちもあった。ただ、彼女がそばにいてくれないと「自分が自分でいられる自信がなかった」とも言う。

そこであるとき、胸の内を率直に彼女に伝えた上で、「図々しいお願いかもしれないけど、もう少し一緒にいてほしい」と話したことがあった。そんな植木さんに、今田さんは「自分はもともとおせっかい焼きなので、やりたくてやっているだけだから」と答えた。

今田さんがいつもそばにいてくれることに対して、植木さんは「心から感謝しているし、彼女のような人が身近にいてくれたことは本当に幸運だったと思います」と語る。

もうひとりは、同じ団地で被災した高柳さん。発災時、彼は両親とともに自宅の2階に避難していたが、家ごと流されて土砂に埋没してしまう。自身は12時間後に救助されたが、両親は亡くなった。

「高柳くんは、自分は土砂に埋まって入院していたし、ご両親を亡くしているし、私よりもっとつらい状況におかれているはずなのに、それでも元気に『一緒に復興していきましょうよ』と言ってくれるんです。

今後について話をするときも、私の考えを聞きながら、ちゃんと自分の意見も言ってくれるので、年下ですけど心強いし、頼もしい存在です」

災害前、植木さんと高柳さんは面識はあったものの、そこまで親しい間柄ではなかった。高柳さんの家は植木さんの自宅のすぐ裏にあり、「町内会の集まりなどで彼のお父さんやお母さんと話すことはありましたが、10歳近く年齢の離れていた高柳くんとは交流はなかった」という。そんな高柳さんが今、植木さんの拠りどころとなっていることを思うと、人の縁の不思議さを感じずにはいられない。

そして、3つめの支えとなった「ひとつの場所」とは、本章で先に紹介した広島市安佐南区八木の「復興交流館モンドラゴン」である。

モンドラゴンの存在を教えてくれたのは、梅河団地の取材に来ていた新聞記者だった。

「被災後、地域の復興や防災に取り組みたいという想いを持っていたのですが、これまで何もしたことがなかったので、どうすればいいのか悩んでいたんです。そんな話を記者の方にしたら、4年前の土砂災害の被災地でいろいろな活動をされている団体がある、と。それがモンドラゴンでした。ですので最初は、地域の復興や防災について何か話が聞ければ、と思って訪ねたんです」

はじめて訪れたときは、今田さんとその夫の高志さんと3人で連れ立って行った。鉄板前のカウンターに横並びで座り、料理を注文したあと、植木さんは「いつ話を切り出そうか」と考えていた。すると、厨房にいた女性の方から「どちらから来られたんですか」と尋ねてきた。

「矢野から来ました」。焼き上がったお好み焼きを食べながら高志さんが答えると、その女性は「今回は大変でしたね」と言う。そこでいったん会話が止まるが、今度は別の女性スタッフが「ご自宅は大丈夫でしたか」と聞いてきた。高志さんは、植木さんに視線を送り、返答を促す。植木さんが「家は全壊になりました」と答えると、「そうなんですか。大変でしたね」と話がまた止まる。そして、しばらく間があってから、「ご家族は無事でしたか」と問いかけてきた。

「カウンターの奥の女性と話しながら、『この人たちは自然に話を引き出してくれるな』と感心していました。私自身、隠すつもりはなかったので、一言『息子が……』とだけ言ったら、女性のひとりが『知ってる！』と、こちらが言い終わる前に反応してくれたんです」

聞けば、その女性は2014年の土砂災害で高校3年生だった娘を亡くしており、「植木さんの息子さんのことをいちばん心配していた」と話してくれた。素性が明らかになり、お互いに自分の地域の災害のことなどを語り合っていると、館長の畠堀さんもやってきた。女性スタッフから紹介されると、「あんたが植木さんか」と明るく声をかけてくれ、会話はさらに賑やかになる。と、そこに畠堀さんの奥さんが建物の中に入ってきた。

そのときの様子を植木さんは笑いながら話す。

「館長は奥さまに向かって、『こちら、植木さん、矢野東の、高校3年生の』と単語を並べるだけだったんです。私としては『そんな雑な紹介の仕方がありますか』とツッコミを入れたかったのですが、初対面でしたし、そのときは黙っていました。

それで後日、あらためてモンドラゴンを訪れたとき、その紹介の仕方についてやんわり突っ込んだら、館長がこう言ってくださったんです。『あれだけの説明でわかるぐらい、あんたとあんたの息子のことは心配しとったんだよ』と」

畠堀さんや松井さんをはじめ、モンドラゴンのスタッフとは心から打ち解けることができ、はじめの頃は2週間に1回ぐらいのペースで通い続けた。モンドラゴンの人たちと話をして、ともに涙を流す。そうすることで植木さんは元気になり、自分の場所へと戻ることができた。

「モンドラゴンに行けば、家族を亡くした人、家を失った人など、私と同じような境遇の人たちがいます。被災者同士、遺族同士であれば、被災者や遺族にしかわからない気持ちを共有できるし、つながりを感じられる。モンドラゴンの方たちからかけられる言葉は、それがほかの人と同じ内容だとしても、私の中での響き方がまったく違うんです」

悲しみや苦しさはあくまで個人のものであり、それが深ければ深いほど、他人にはどうすることもできない。それでも今田さんのようにそばに寄り添い続けてあげること、あるいは高柳さんやモンドラゴンの人たちのように同じ経験をした人同士で話をしたり、ともに涙したりすることで、心の負担をちょっとでも軽くすることはできるのかもしれない。

植木さんの話を聞いていて感じたのは、復旧・復興には個々の住まいを再建し、道路などのインフラを再整備することが不可欠だが、同時に悲しみや苦しみを共有し合える場も必要ではないかということだ。

もちろんそれが簡単ではないこともわかる。自身が被災者であり、家族を亡くした遺族である植木さんでさえ、「ほかの遺族にはなかなか気軽に声をかけられない」という。大切な家族を失った者同士、共有できる気持ちがある一方で、お互いに決して立ち入ることのできない部分があることも理解しているからだ。

それでも、と植木さんは言う。

「私は、高柳くんやモンドラゴンの方たち、交流を持てた遺族の方と話をして、同じような気持ちを抱いている人がほかにいることがわかっただけでも、気持ちが少しだけ楽になれたような気がします。だから、ほかの方たちにもそういう機会があればいいなと思うんです」

心の復興――これはモンドラゴンが掲げた活動テーマのひとつである。モンドラゴンという場は、自分たちの地域だけではなく、植木さんのようなほかの被災地の人びとの心にも影響を及ぼすようになっている。

「あるく」の槙原さんは、あるく通信の封筒に手書きのメッセージを書き込むことで、「情報だけではなく、私たちの心や気持ちも一緒に届けたい」と語ってくれた。

被災者の心を支え、つなげることを、われわれはもっと考えていかなければならない。

終章

人とのつながりを土台に

「1000年に1回」は明日起こるかもしれない

山に登るとき、私がいつも戒めとしている言葉がある。

「人間の都合を山に持ち込んではいけない」

私に山登りを教えてくれた先輩のひとりがよく言っていた言葉で、人間の都合を山に持ち込んだとき、そこに隙が生まれて、遭難の危険性も高まる、ということだ。

たとえば、仕事が忙しく、事前に十分な下調べやトレーニングができなかったりする。装備が古くなっていたり、調子がよくなかったりすることに気づきながら、修理や新調をする時間的・金銭的な余裕がないために、「何とかなるだろう」とそのまま山に持っていく。日頃の不規則な生活のため、山行当日、体調を崩してしまう。そうした「仕事が忙しい」「時間的・金銭的な余裕がない」「不規則な生活」というのは、すべて人間側の都合である。

山は、そんな人間の都合など一切顧みず、頂は空高く聳え、尾根は切り立ち、ときに大雨が降り、ときに猛吹雪となる。準備していない人、体力のない人に合わせて、山が低くなったり、易しくなったりすることはない。山や自然は、ある意味、すべての人に平等だ。

安全に山登りをするには、真摯に山や自分自身と向き合い、目指す山に潜むリスクをできるかぎり把握し、あらかじめ対策を立てて準備しておく必要がある。自分たちの都合は決して言い訳にせず、山に自分を合わせていく。もちろん、それが理想論であることは重々承知している。日常の時間を１００％山のために注ぐことはできない。日々の仕事や生活の影響は大なり小なり必ずある。それでも山に向かうときの心構えとして、そうありたいとずっと思ってきた。

＊＊＊＊

今回、豪雨災害の被災地を取材していて、自分が山に登る際の戒めとしてきたその言葉が幾度となく脳裏をよぎった。

「この町で災害が起こるなんて想像もしていなかった」

「堤防が決壊するような大雨はまったく想定していなかった」

話を聞いた被災者の多くがこう語っていたが、その気持ちはよく理解できた。私自身、自宅近くの川が氾濫するなど想像したこともないし、自治体が公表しているハザードマップを見たことさえなかったからだ。

しかし、そうした「災害はきっと起こらない」「堤防が決壊することはない」という楽観的な想像や思い込みも、人間の視点、つまりは人間の都合以外の何ものでもない。

たしかに、その人がその土地で暮らした数十年間は何も起きていないかもしれないし、親や祖父母の代までさかのぼっても災害は起こっていないかもしれない。だが、自然はもっと長いスパン――それこそ何百年、何千年という悠久の時の流れの中で存在し続けている。

2015（平成27）年の水防法改正を受けて、現在全国の自治体が公表を進めている洪水ハザードマップは、従来の「河川整備において基本となる降雨」に加えて、「想定し得る最大規模の降雨」を前提に浸水区域や浸水深が設定されている。国土交通省の『浸水想定（洪水、内水）の作成等のための想定最大外力の設定手法（平成27年7月）』によれば、想定最大規模降雨とは「現状の科学的な知見や研究成果を踏まえ、利用可能な水理・水文観測、気象観測等の結果を用い、現時点において、ある程度の蓋然性をもって想定し得る最大規模のもの」で、具体的には「1000年（あるいはそれ以上）に1回程度発生する可能性のある降雨」を想定して浸水区域が計算されるようになった。

「1000年に1回」と聞くと、あまりにも途方もない確率過ぎて、たいていの人は「そんな雨はまず降らない」と安心しきってしまうだろう。だが、まずはそうした認識から改めなければならない。1000年に1回程度とかなりまれな確率ではあるものの、そうした大雨が起こりうる可能性があり、今年のうちにその「1000年に1回」が起こるかもしれない。

これからの気候変動時代はそう考えるべきなのではないだろうか。

人とつながり、力を合わせる

いつ起こるかはわからない。けれども、起こる可能性がゼロではない。そうした大規模な自然災害に対して、われわれ人間には何ができるのか。ここまで豪雨災害の被災地や専門家の取材を通して見えてきたことを述べてきたわけだが、あらゆる対策の土台となるのは、地域の人と人とのつながりではないか。

第3章で取り上げた広島市安佐北区可部東の新建団地では、ＩＴを駆使した先進的な安否確認システムを構築している。そのシステムは被災した経験から住民自らが開発して改良を重ね、実用性の高いものとなっているが、一方で「システムだけでは機能しない」と自治会長の梅野照幸さんは考えている。

「こうしたシステムに参加してもらうのも、日頃の関係性があってこそ。顔の見えるつながりがなければ、そもそもこのシステムを利用してくれないだろうし、困ったときに『支援してほしい』と要請しても迅速な対応は難しいのではないかと思います」

住民の間にも、そんな地域のつながりを重視する意識が芽生えているのであろう。被災前には人が集まる団体といえば「自治会」「高齢者の熟年会」「子ども会」の3つだけだったが、現在はそれに加えて、若い世代が立ち上げた「青年部」や、「女性の会」「グラウンドゴルフのチーム」「いきいき百歳体操チーム」ができて、それぞれにイベントを開催するなど、日々精力的に活動している。

団地の前自治会長で、現在は顧問を務める今田勝馬さんは言う。

「住民同士がつながりあって、毎日をどれだけ有意義に楽しく過ごせるか。それが自治会活動の原点です。その原点があってこそ、いざというときにも住民同士お互いに助け合うことが自然とできるようになるのではないでしょうか」

同じく第3章で取り上げた、総社市下原地区の自主防災組織で活躍する渋江隆司さん。彼は防災士の資格取得をきっかけに地域の防災リーダーとして育っていったが、その根底には先祖代々暮らしてきた地域への深い愛着がある。愛着があればこそ、頼まれれば時間が許すかぎり、草刈りでも自治会の役員でも自分にできることは何でもしてきた。そうした日常的な活動の延長線上に防災もある。

住民たちも、そんな姿を日頃から見ているので、彼に厚い信頼を寄せている。自主防災組織副本部長で、渋江さんに防災士資格取得を持ちかけた当人である川田一馬さんは言う。

「隆司さんがどれだけ地域のために頑張っているか、みんな知っているんです。だから、彼の発言には重みがあるし、彼の言うことには誰もが耳を傾ける。

私があえて『避難訓練は2、3年に1回でもいいんじゃないか』と提案したとき、彼は『毎年やるべき』と反対の声を上げてくれました。多数決を取ったわけではありません。それでも、その場にいた誰もが『彼が言うのであれば』と納得し、あらためて避難訓練は毎年行なっていこうと一致団結できました」

倉敷市真備町川辺地区の復興プロジェクト「あるく」で代表を務める槙原聡美さんは、災害後すぐにコミュニケーションアプリ「ＬＩＮＥ」で「川辺地区みんなの会」というグループを作成するなど、地区全体が水没してバラバラになった住民たちをつなぐハブ的な役割を担い続けてきた。そんな彼女も、振り返ってみれば、災害前から川辺地区まちづくり推進協議会で事務局・広報部の仕事をし、子供の学校でＰＴＡの副会長や会長を務めるなど、地域のための活動を行なってきた。

「まちづくり推進協議会に参加している珍しい若手というイメージも定着しつつありました

し、小学校のPTAで副会長を1年、会長を2年務めて交代したばかりの時期でした。まち協の年配の方たちにも、子育て世代にも、顔と名前を知ってもらえていたおかげもあって、私が作ったLINEグループや発信する情報にも信頼をおいていただけたんじゃないかと思っています」

槇原さんは今、「あるく」の活動を通じて新たにまとまりつつある地域のつながりを、未来の防災に役立てていきたいと考えている。

「防災活動の必要性を広く周知して、そのノウハウを学ぶ教育的な場を作っていかなければならないと考えていますが、もっと大事なことは、土台となる住民同士のつながりを築いていくことです。住民同士の信頼関係がベースになければ、そもそも防災なんてできません。もし次に何かあったとき、私から『みなさん、逃げましょう』と声をかけて、ひとりでも多くの住民が『槇原がそう言うんだったら、逃げた方がいいかな』と避難行動を起こしてくれるならば、『あるく』の活動も意味があったといえるのではないでしょうか」

防災には、日頃の備えが大事だとよくいわれる。

日頃の備えとして誰もが真っ先に思いつくのは「防災用品の準備」や「避難場所の確認」だろう。たしかにそれらは防災に欠かせない。ただ、被災地の取材を通して見えてきたのは、そうした個々人による備えとともに、地域のつながり、人とのつながりを密にしておくことが、いざというときに命の支えになるということだ。

もちろん、そのつながりが形だけのものだと、緊急時には十分に機能しない。形だけの自主防災組織や避難訓練、防災マニュアルなどが、災害のときに役に立たなかったことは、本書の中で再三述べてきた。平時における自主防災活動や地域行事への参加が、そのまま発災時や災害後の地域の連携に直結するわけではなく、考えるべきはやはり関係性の質なのだ。

日頃から会って話をし、一緒に活動するなかで、互いに相手のことを思いやったり、助け合ったりできる関係性を築いておく。また、仮に住民同士のつながりはそれほど強くなくても、いざというとき本気になって住民に呼びかけて一致団結させることができるリーダーを育成しておく。そうしたことが大切なのだろう。

自然の猛威に晒されたとき、人にはそれを抑え込むことも抵抗することもできない。少しでも安全な場所に逃げて、その猛威が過ぎ去るまで耐え忍ぶしかない。自然に対して、一人ひとりの人間の力はあまりにも小さく、か弱い。そのことは、どれだけ防災インフラが整備されようとも本質的には変わらない。

しかし、その小さな力が集まり、支え合い、それぞれの知恵・技術・経験を出し合うことで、できることは広がり、助かる命も増えていくのではないか。それは発災時の避難行動にも、災害後の復旧・復興のプロセスにも当てはまる。

個々が自立して自分や家族の命を守ることを真剣に考えながら、一方で地域の住民同士の信頼関係・協力関係の土台を作り、地道な活動を行なっていく。防災の課題は、すなわち地域社会の再生や人と人との関わり方の問題ともつながっている。

被災者たちの想い

序章でも述べたように、私が本書のために豪雨災害の被災地の取材に入ったのは、知己の編集者からの依頼がきっかけだった。

正直に言えば、取材を進めているときや本書を執筆しているとき、災害に関する途方もない情報を前に、自分がどこに向かっていけばいいのか呆然とすることが幾度となくあった。

西日本豪雨のような大規模災害が起こると、国、県や市町村、自衛隊や消防などが連携しながらそれぞれに活動を展開する。災害後の報告や検証も組織や地域ごとに行なわれ、その資料たるや凄まじい量となる。メディアによって報道された情報も多く、関連分野の専門家による検証や発言も膨大である。さらに災害に遭った地域の住民たちは、住む場所や当日の行動によって、まさに千差万別の体験をし、被害を受けている。当然、被災者としての悲しみや苦しみの内容も、深さも、それぞれに異なる。

誰に取材をするかからはじまり、調べたことや聞いた話をどう整理していけばいいのか、あれこれ模索しながら手探りで進んでいった。ただ、常に心がけていたのは、話を聞かせてくれた被災者の言葉を真摯に受け止め、そして彼らの気持ちに寄り添うこと。それはどんなインタビューでも基本となる姿勢ではあるが、今回は特に意識して取材や執筆に臨んだ。

豪雨災害の被災者の方たちが、災害の現場でどんな体験をして、どんな想いを味わったのか。あるいは、災害後の復旧・復興にどんな想いで取り組んでいるのか。

私が本書で描いたことは、大規模災害のほんの一面にすぎない。これまで豪雨災害をはじめとした自然災害を調査されてきた方、研究されてきた方からすれば、物足りなさを感じたり、深掘りできていない部分が目についたりするかもしれないが、それは私の力不足ゆえである。

それでも本書を通じて彼ら被災者の経験を知ることで、読者のみなさんが災害を自分事として考え、まずはできることからでもいいので、自分や家族の命を守るための行動を起こすきっかけになればと願っている。

復旧・復興作業で多忙な時期にあって、被災者のみなさんがわざわざ取材に応じてくれたのは、被災した自分たちの経験をひとりでも多くの人に知ってもらい、次にどこかで大きな災害が起こったときに役立ててほしいからである。

ある被災者はこう語ってくれた。

「西日本で起こったような大災害が、近い将来、日本のどこかで起きるかもしれない。そのとき、その地域の住民の方たちがちゃんと避難できるようになるため、われわれの経験が役に立つならば、できるかぎりの協力はしていきたい。それが実際に災害に遭って、幸いにも生き延びることができた自分たちの役割なのかなと思っています」

未来の災害の被害を少しでも減らしたい。それは取材に協力してくれた方たち全員に共通する想いである。

まずは身近なところから。それがいざというときに命を守る第一歩となる。

最後に――。本書の取材・執筆では、本当に多くの人たちのお世話になりました。

西日本豪雨の被災地では、発災から半年ほどしか経っておらず、日々の生活や仕事がまだ落ち着かないなかで、災害時の経緯や自身の想いを語っていただきました。みなさんの経験を聞かせてもらえたからこそ、現場で何が起こっているのかを知ることができました。2014年の広島土砂災害の被災地では、大規模な災害に見舞われた地域がどのように再生していくのか、未来を考える着想を得ることができました。自治体の方には地域全体の情報を、専門家の方には災害現場で起こっている事象を俯瞰する視点を、それぞれいただきました。また、山と溪谷社の岡山泰史さんには、豪雨災害というテーマに取り組むきっかけを与えていただきました。被災地取材の経験がなかった私に依頼するのは、思い切った決断だったのではないかと今更ながらに想像しています。

本書を刊行できたのも、みなさんのおかげです。心から感謝しております。そして本書が、将来の災害の被害を減らすため、少しでも役立ってくれることを願っています。

2019年5月　谷山宏典

谷山宏典（たにやま・ひろのり）
1979年愛知県生まれ。明治大学文学部史学地理学科卒業。大学在学中に体育会山岳部に所属し、卒業後の2001年には明大隊の一員としてガッシャーブルムⅠ峰（8068m）と同Ⅱ峰（8035m）に登頂。その後、編集プロダクション勤務を経て、09年フリーのライターに。雑誌やウェブサイトでの記事執筆、単行本のブックライティングなど、幅広く活動する。著書に『登頂八〇〇〇メートル』『山登りABC 難所の歩き方』『鷹と生きる 鷹使い・松原英俊の半生』（いずれも山と溪谷社）がある。

ドキュメント 豪雨災害

――西日本豪雨の被災地を訪ねて

2019年7月5日発行　初版第1刷発行

著　者　谷山宏典
発行人　川崎深雪
発行所　株式会社 山と溪谷社
〒101-0051
東京都千代田区神田神保町1丁目105番地
http://www.yamakei.co.jp/
印刷・製本　株式会社 光邦

■乱丁・落丁のお問合せ先
山と溪谷社自動応答サービス TEL. 03-6837-5018
受付時間／10:00～12:00、13:00～17:30（土日、祝日を除く）
■内容に関するお問合せ先
山と溪谷社 TEL. 03-6744-1900（代表）
■書店・取次様からのお問合せ先
山と溪谷社受注センター
TEL. 03-6744-1919　FAX. 03-6744-1927

Printed in Japan ISBN978-4-635-14027-0